AF303887

Bibliografische Information der Deutschen Nationalbibliothek:

Die Deutsche Nationalbibliothek verzeichnet diese Publikation in der Deutschen Nationalbibliografie; detaillierte bibliografische Daten sind im Internet über http://dnb.d-nb.de abrufbar.

Impressum:

Copyright © 2016 Studylab

Ein Imprint der GRIN Verlag, Open Publishing GmbH

Druck und Bindung: Books on Demand GmbH, Norderstedt, Germany

Coverbild: Freepik.com | Flaticon.com | GRIN

Firat Polat

Bürgerkrieg und Flucht aus Syrien

Lebenssituation syrischer Flüchtlinge in Istanbul und der Türkei

2016

Inhaltsverzeichnis

Gewidmet all denen, die mich im Laufe meines Lebens unterstützt haben. Vor allem meinen Eltern, meiner Ehefrau und meinem kleinen Sohn.

1. Einleitung

Die verzweifelte Selbstverbrennung eines tunesischen Gemüsehändlers führte in Tunesien zum arabischen Frühling. Millionen von mutlosen Menschen, vor allem Jugendliche, gingen auf die Straße, um ihre Freiheitsrechte einzufordern. Dieser Prozess sollte als sogenannter „Arabischer Frühling" in die Geschichte eingehen. Menschen unterschiedlicher politischer, ideologischer und religiöser Zugehörigkeiten forderten die Rücktritte der alten Eliten. In einigen arabischen Staaten folgte man dem Ruf des Volkes und ließ Wahlen abhalten. Einige Regierungen versuchten durch großzügige Sach- und Wertspenden, ihr Volk ruhig zu halten. In anderen Staaten kam es zu großen politischen Umwälzungen. Die alten Regime wurden durch eine demokratische Wahl von der Bevölkerung abgewählt. Es gab aber auch Regierungen, die auf Forderungen der eigenen Bevölkerung mit Gewalt und Waffen antworteten. Es liegt auf der Hand, dass Folter, Zerstörung und Mord keine legitimen Mittel der Machterhaltung sind. Am Beispiel Syriens sieht man sehr deutlich, wie falsche politische Herangehensweisen zu unkalkulierbaren Ergebnissen vor allem in der Region, aber auch international führten. Die politischen Forderungen der syrischen Bevölkerung wurden durch das Assad-Regime mit aller Gewalt unterdrückt. Menschen wurden inhaftiert und ermordet. Politische Gefangene verschwanden in den Gefängnissen der Geheimdienste, Panzer und Soldaten schossen auf Demonstranten, die auf den Straßen friedlich ihre Rechte einforderten. In der Zivilbevölkerung und der Infrastruktur kam es zu großen Verlusten und Schäden[1].

Der Traum von politischen Veränderungen, wirtschaftlicher Unabhängigkeit und individuellen Freiheitsrechten[2] wurde durch das brutale Vorgehen des alten Regimes zerstört. Anstatt dass es zu weitreichenden Reformen in der Verfassung kam, arteten die Proteste zu einem blutigen Bürgerkrieg aus, der sich zu einem Konflikt entwickelte, in dem verschiedene Akteure, regionale wie auch internationale, sich gegenüberstehen, um ihre jeweiligen Interessen und Machtansprüche durchzusetzen.

---

[1]Mattes, Hanspeter (2013): Naher Osten Nachbarregion im Wandel. Die arabischen Protestbewegungen von 2011. Politische Folgen des "Arabischen Frühlings". Online verfügbar unter http://www.bpb.de/izpb/156579/naher-osten?blickinsbuch, zuletzt geprüft am 20.06.2014.

[2]Ranko, Annette (2013): Naher Osten Nachbarregion im Wandel. Die Medienrevolution: von al-Jazeera bis Facebook. Online verfügbar unter http://www.bpb.de/izpb/156579/naher-osten?blickinsbuch, zuletzt geprüft am 20.06.2016.

Aber wie bei jedem Konflikt ist eine Gruppe immer sehr stark von den Kampfhandlungen direkt oder indirekt betroffen, nämlich die Gruppe der Zivilisten. So auch in Syrien. In den letzten fünf Jahren, in denen der Bürgerkrieg bereits andauert, kam es zu zahlreichen Toten und Verletzten. Hunderttausende Menschen mussten aus ihrer Heimat fliehen. Ein Großteil ist in die Nachbarländer geflohen, ein anderer Teil sucht in Syrien als Binnenflüchtling Sicherheit und Schutz vor den Kampfhandlungen. Ein Staat, in dem besonders viele syrische Flüchtlinge Zuflucht gesucht haben, ist die Türkei.

Die Türkei grenzt im Süden an Syrien und hat eine lange Geschichte mit seinem Nachbarstaat. Es gibt viele Verwandtschaftsbanden in der Region. Auch gibt es in der südlichen Türkei eine kleine arabisch sprechende Minderheit. Der Konflikt in Syrien betrifft die Türkei in vielen Aspekten direkt. So kam es in der Vergangenheit immer wieder zu Scharmützeln zwischen türkischen Streitkräften und verschiedenen Parteien an der Grenze.

Auch ist der enorme Andrang syrischer Flüchtlinge in die Türkei eine große Herausforderung für die Regierung in Ankara, aber auch für die Menschen in der Türkei, vor allem an den Grenzregionen.

Die Zahl der Flüchtlinge in der Türkei stieg in den letzten Jahren stetig an. Die Versorgung und Unterbringung der syrischen Flüchtlinge ist hier von zentraler Bedeutung. Es ist sehr wichtig, Menschen, die aus ihrem Land geflohen sind, in die Gesellschaft zu integrieren, um ihnen wieder Perspektiven und Hoffnung zu geben. Wie man es nicht machen sollte, sieht man aktuell an der Europäischen Flüchtlingspolitik.

Wie sieht aber die Lage der Flüchtlinge in der Türkei aus? Ist sie besser oder schlechter im Vergleich zu einigen europäischen Staaten? Diese Masterarbeit soll genau diese Frage beantworten. Nämlich die Frage, wie die Lebenssituation syrischer Flüchtlinge in der Türkei ist. Hierbei wird die Türkei auf die Metropole Istanbul eingegrenzt. Sie ist wirtschaftlich, kulturell und bevölkerungstechnisch die wichtigste Stadt in der Republik Türkei.

Zu Beginn der Arbeit gebe ich einen kurzen Einblick in die bisherige Literatur - was gibt es bisher in der Forschung zu diesem Thema, gibt es überhaupt wissenschaftliche Arbeiten darüber.

Im zweiten Abschnitt werde ich mich etwas detaillierter mit dem Bürgerkrieg in Syrien befassen. Wie kam es zum Bürgerkrieg, welche Akteure spielen eine Rolle, wie hoch ist die Zahl der Opfer, all dies sind Fragen, die ich versuchen werde, zu beantworten. Denn es ist von zentraler Bedeutung, den Anfang dieser menschlichen Tragödie im 21. Jahrhundert zu verstehen. Indem man diese versteht, bekommt man einen besseren Einblick in die Flüchtlingsfrage, die uns augenscheinlich noch einige Jahre sehr stark betreffen wird, nicht nur in der Türkei, sondern auch in Europa.

Im dritten Abschnitt werde ich mich mit der Lebenssituation syrischer Flüchtlinge in Istanbul im Detail befassen. Davor werde ich einen allgemeinen Einblick in die Flüchtlingssituation in der Türkei geben.

Zentrale Fragen werden hierbei die Aufenthaltsorte und Zahlen der Flüchtlinge in der Türkei sein. Welche Arbeit NGOs[3] machen, wie das türkische Recht mit den Flüchtlingen umgeht. Am Ende dieses Abschnittes werden wir noch individuelle Lebenssituationen von syrischen Flüchtlingen in der Türkei kennenlernen. Bei der Erhebung der individuellen Lebenssituationen werden Interviews zu Hilfe genommen.

Nach der Auswertung der Interviews schließe ich diese Masterarbeit mit einem Fazit ab. Beim Fazit werden dann alle Punkte im Gesamten beleuchtet.

Bevor mit der Arbeit begonnen wird, sollten einige zentrale Begrifflichkeiten geklärt werden. In dieser Arbeit werden Begriffe wie „Regime" oder der „Westen" benutzt. Diese Begriffe wirken auf den ersten Blick verallgemeinernd. Doch werden sie bei der Diskussion in der Medienlandschaft oft benutzt und sollen für ein besseres Verständnis der Situation dienen. Diese Arbeit hat das Ziel, Fakten über den Bürgerkrieg in Syrien und der Lebenssituation syrischer Flüchtlinge in Istanbul aufzuzeigen. Bei diesem Konflikt treffen nicht nur zwei Gruppen aufeinander, sondern es handelt sich um ein komplexes Gefüge aus verschiedenen Akteuren mit eigenen Machtinteressen. Diese Mischung birgt ein hohes Spannungspotenzial.

In dieser Arbeit wird auf einen begrenzten Zeitraum und eingegrenztes Gebiet zurückgegriffen, denn ein tieferer Einblick in die Verflechtungen und Konfliktlinien würde den Rahmen dieser Arbeit sprengen.

So werden einige Punkte nur oberflächlich behandelt, um einen Einblick in die Thematik zu bekommen. Hierbei bin ich mir der Sensibilität des Forschungsfeldes bewusst. Alle betroffenen Menschen, die in dieser Arbeit vorkommen, werden aus Respekt gegenüber ihren Lebensumständen und Schicksalsschlägen anonymisiert.

---

[3]Nichtregierungsorganisationen

2. Stand der Literatur bzw. Forschung

Da der Krieg und dessen Auswirkungen Europa erst seit Sommer 2015 direkt betreffen, gibt es wenig bis kaum Literatur über die Situation syrischer Flüchtlinge in Istanbul. Der Großteil im deutschsprachigen Raum vorzufindenden Literatur beläuft sich auf einige PDF und Zeitungsartikel im Internet. Doch gibt es darüber hinaus im Zusammenhang mit dem Bürgerkrieg mehrere Bücher, die vor allem das Erstarken des sogenannten Islamischen Staates zum Thema haben. Viele dieser Titel machen keinen Unterschied zwischen friedlichen Muslimen und einer mordenden Verbrecherbande wie dem IS. Aus diesem Grund sind jene Lektüren für diese Arbeit nicht von Relevanz.

Interessanter sind hier die türkisch- und englischsprachigen Arbeiten. Vor allem die Analysen und Forschungen von NGOs in der Türkei sind von großer Wichtigkeit für diese Thesis. Zum großen Teil sind sie in türkischer Sprache vorhanden, es gibt aber auch einige auf Englisch. Bei den Veröffentlichungen der NGOs handelt es sich zum größten Teil um Analysen der Rechte syrischer Flüchtlinge in der Türkei. Ein weiteres großes Themenfeld ist hierbei das Leben von syrischen Flüchtlingen, vor allem in den Flüchtlingscamps. Weitere Forschungsfelder sind die Auswirkungen der großen Flüchtlingszahlen auf die Heimbevölkerung, die Politik der türkischen Regierung im syrischen Bürgerkrieg und der Umgang mit den syrischen Flüchtlingen. Wie oben bereits erläutert, gibt es im deutschsprachigen Raum keine empirischen Arbeiten über die Lebenssituation syrischer Flüchtlinge in Istanbul. Das deutsche Lesepublikum muss sich bei diesem Themengebiet mit Zeitungsartikeln zufrieden geben. So leistet diese Thesis über die Lebenssituation syrischer Flüchtlinge in Istanbul im deutschsprachigen Raum Pionierarbeit.

3. Fakten zum Bürgerkrieg

3.1. Wie kam es zum Bürgerkrieg

Nach dem Tod Hafiz al-Assads übernahm dessen Sohn Baschar al-Assad die Macht in Syrien. Die syrische Bevölkerung hegte große Hoffnung auf diesen neuen, jungen Staatschef. Zu Beginn seiner Regierungsperiode kündigte er Reformmaßnahmen in verschiedenen Bereichen an. Doch blieben diese aus. Probleme wie Bestechung, Freiheitsberaubung und Vetternwirtschaft blieben Normalität. Schon unter seinem Vater Hafiz al-Assad war dies an der Tagesordnung. Der Geheimdienst, der eng mit der Familie Assad verbunden ist, unterlief die Bevölkerung in vielen Bereichen.

Auch die Wirtschaft war mit der Assad-Familie eng vernetzt. Große Bauprojekte und Infrastrukturmaßnahmen gingen meistens an regierungsnahe Betriebe. Durch Korruption konnte sich die Assad-Familie enormen Reichtum aneignen. Diese Entwicklung führte aber zwangsläufig zur Verschlechterung ganzer Bevölkerungsschichten. Die Vermögensschere zwischen Arm und Reich, sowie Stadt- und Landbevölkerung ging in den Jahren immer stärker auseinander. Repressionen durch die Staatsapparate waren an der Tagesordnung.

In den Jahren verschlechterte sich dadurch die wirtschaftliche Lage der Landbevölkerung dramatisch. Im Gegenzug baute Baschar al-Assad durch verschiedene Maßnahmen seine Privilegien und Macht stetig aus. Mit eiserner Hand regierte er Syrien, seine Handlanger, vor allem die Geheimdienste, waren berüchtigt für ihre Brutalität an der Zivilbevölkerung. Kritiker, Oppositionelle und Personen die es wagten, sich gegen das Regime zu stellen, verschwanden in den vielen Foltergefängnissen. Eine funktionierende politische Opposition gab es in Syrien nicht. Die Opposition konnte nur aus dem Ausland heraus aktiv sein.

Die Baath-Partei, die sich als panarabisch-sozialistische Bewegung sah, versuchte die arabischen Staaten nach ihrer Vorstellung zu verändern. In vielen Gesellschaftschichten war die Baath-Partei vertreten. Auch Baschar al-Assad war Mitglied in dieser. Aber „[t]rotz ihrer breiten gesellschaftlichen Basis schrumpfte die politische Rolle der Baath-Partei unter Baschar al-Assad immer weiter zusammen"[4]. Mehr und mehr Menschen distanzierten sich von dieser Partei, die Korruption und Repressionen in der Gesellschaft förderte. Doch das Streben

---

[4]Wieland, Carsten (2013): Syrien. Das politisch-ideologische System Syriens und dessen Zerfall. Online verfügbar unter https://www.bpb.dc/apuz/155105/syrien?blickinsbuch, zuletzt geprüft am 20.06.2016.

nach Freiheit kann man nicht mit Gewalt unterdrücken. So war es nur eine Frage der Zeit, bis die Menschen in Syrien gegen dieses brutale Regime auf die Straße gehen sollten.

3.2. Verlauf des Konflikts

Im Rahmen des „Arabischen Frühlings" und in dessen Verlauf kam es auch zu Protesten in Syrien gegen das Assad-Regime. Im Vergleich zu anderen Ländern begannen die Proteste aber sehr verhalten und vereinzelt. Zu den Demonstrationen kamen nur wenige Menschen aus Angst vor den Folgen durch das Regime.

Die Protestbewegung versuchte, mit verschieden Slogans auf sich aufmerksam zu machen.

Beispiel-Slogans waren „Gott, Syrien, Freiheit", eine Abwandlung von „Gott, Syrien, Assad", dem Leitspruch des Assad-Regimes.[5] Es sah so aus, dass die Protestbewegung schon zu Ende gehen würde, bevor sie wirklich begonnen hatte. Aber sie bekam neuen Aufwind. Durch die Verhaftung einiger Kinder in der Stadt Daraa schöpften die Demonstranten neue Hoffnung und sahen ihren Protest als gerechte Sache an. Die Nachricht, man hätte die Kinder im Gefängnis von Daraa gefoltert, trieb der Protestbewegung noch mehr an.

Durch seine verheerende Fehlentscheidung entflammte der Gouverneur von Daraa die Protestbewegung endgültig. Er ließ auf unbewaffnete Zivilisten mit scharfen Waffen feuern.

Das Assad-Regime antwortete aber auch auf diese friedlichen Demonstrationen mit eiserner Hand und äußerster Brutalität. Es kam zu ersten Todesopfern auf der Seite der Protestbewegung. Die Antwort auf das gewalttätige Vorgehen der Sicherheitskräfte ließ nicht lange auf sich warten. Eine Gruppe von Demonstranten steckte das Hauptquartier der Baath-Partei in Daraa in Brand. Der Präsident Baschar al-Assad äußerte sich nach einiger Zeit vor den Kameras und gab ausländischen Mächten die Schuld für die Proteste in seinem Land. Diese Schuldzuweisung sollte sich während des Konflikts immer wieder wiederholen. Erste namhafte internationale Politiker kritisierten die Lage in Syrien und forderten ein Ende der Gewalt gegen die Demonstranten. Nach der Tat in Daraa folgten viele andere syrische Städte mit solidarischem Protest, obwohl Baschar al-Assad etwas auf die Forderungen der Bevölkerung einging.

---

[5]Asseburg, Muriel (2013): Syrien. Ziviler Protest, Aufstand, Bürgerkrieg und Zukunftsaussichten. Online verfügbar unter https://www.bpb.de/apuz/155105/syrien?blickinsbuch, zuletzt geprüft am 20.06.2016.

Nachdem er z.B. den seit Langem geltenden Notstand abschaffte, beteiligten sich immer mehr Menschen bei den Protesten. Das Regime antwortete aber auf die Proteste mit noch größerer Gewalt.

So feuerten während der Demonstrationen Heckenschützen auf die friedlich protestierenden Menschen.

Die Gewalt durch das Regime schreckte die Menschen nicht ab. Immer mehr schlossen sich der Protestbewegung an. Durch das Eingreifen der Sicherheitskräfte kam es zu unzähligen Opfern und Verletzten. Aber auch dieses Vorgehen konnte den Willen der Menschen nicht schwächen. Auch der Westen fing langsam an, sich von Baschar al-Assad zu distanzieren. Die Vereinigten Staaten von Amerika verhängten erste Sanktionen gegen das syrische Regime. Auch die Europäische Union, die jahrelang die syrische Regierung mit Waffentechnologie ausrüstete, verhängte aufgrund der anhaltenden Gewalt ein Waffenembargo.

Es gab einen großen Unterschied zwischen den Protesten in Syrien und den Protesten in anderen Staaten des „Arabischen Frühlings".

In Syrien fehlte eine Massenmobilisierung, wie sie zum Beispiel in Ägypten stattfand. Das syrische Regime konnte durch verschiedene Maßnahmen eine Massenmobilisierung erfolgreich verhindern. Die Proteste in Syrien, wurden von kleinen, dezentralen Gruppen gestemmt[6]. Um die Opposition zu mobilisieren, trafen sich im Sommer 2011 einige Oppositionelle in der Türkei. Durch die Gründung des Syrischen Nationalrates hatte nun die Internationale Gemeinschaft einen legitimen Ansprechpartner. Wegen der anhaltenden Gewalt distanzierten sich auch erste arabische Staaten vom Assad-Regime. Einige Staaten zogen ihre Botschafter ab.

Nach anhaltendem Druck versuchte das Assad-Regime durch verschiedene Reformmaßnahmen, wieder an Boden gut zu machen. Die Opposition sah die Maßnahmen als ein Täuschungsmanöver des Regimes an, um wieder auf internationalem Parkett Legitimität zu gewinnen.

Nach dem Waffenembargo der Europäischen Union zogen diese nach und verhängten ein Ölembargo gegen das syrische Regime. Eine Beobachtermission der Arabischen Liga musste nach kurzer Zeit abgebrochen werden, da die Lage für die Mitarbeiter der Mission immer gefährlicher wurde. Wegen der anhaltenden

---

[6]Asseburg, Muriel (2013): Syrien. Ziviler Protest, Aufstand, Bürgerkrieg und Zukunftsaussichten. Online verfügbar unter https://www.bpb.de/apuz/155105/syrien?blickinsbuch, zuletzt geprüft am 20.06.2016.

Gewalt desertierten viele syrische Soldaten von der regulären syrischen Armee und schlossen sich der FSA[7] an, die in der Türkei gegründet wurde. Die Gründung des Syrischen Nationalrates und der FSA in der Türkei zeigt schon zu Beginn des Bürgerkrieges, welche wichtige Rolle die Türkei in diesem Konflikt spielt. Die FSA nahm nun den bewaffneten Kampf gegen das autoritäre Assad-Regime auf, da alle friedlichen Bestrebungen keine Früchte trugen.

Im Februar 2012 wählten die Vereinten Nationen und die Arabische Liga Kofi Annan zum Sondergesandten in Syrien. Dieser sollte versuchen, den Konflikt friedlich zu lösen.

Im Laufe des Konfliktes versuchte die FSA, durch offensive Operationen neue Gebiete unter ihren Einfluss zu bringen.

Zu Beginn des Bürgerkrieges hatte sich die FSA den Schutz der Demonstranten zur Aufgabe genommen[8]. Da die Auseinandersetzung immer mehr Menschen das Leben kostete, sah sich der UN-Sicherheitsrat in der Pflicht, diesen Konflikt beizulegen. In Genf trafen sich zum ersten Mal die Außenminister von den fünf ständigen Mitgliedern des UN-Sicherheitsrates, auch die Türkei und mehrere arabische Staaten nahmen mit ihren Außenministern an der Konferenz teil. Die Außenminister hatten das Ziel, die Konfliktparteien zu einem Dialog zu bewegen. Während die westlichen Mitgliedstaaten auf eine Übergangsregierung ohne Assad pochten, wollte Russland aber Baschar al-Assad auf keinen Fall fallen lassen, da dieser ein langjähriger Verbündeter Russlands ist.

Ein Sechs-Punkte-Plan, der von Kofi Annan ausgearbeitet wurde, sollte beide Seiten zum Waffenstillstand bringen. Das syrische Regime stimmte diesem Plan zu. Doch trotz diesem Waffenstillstand gab es immer mehr heftige Kämpfe. Nach anhaltenden Kämpfen brachte Russland den Vorschlag, beim nächsten Treffen auch den Iran und die syrischen Kriegsparteien einzuladen[9].

Die Vereinten Nationen schickten aufgrund steigender Opfer und Flüchtlinge einige Beobachter nach Syrien. Wegen der akuten Lebensgefahr für ihre Mitar-

---

[7]Freie Syrische Armee

[8]Süddeutsche (2013): Wie sich Assad an der Macht hält. Online verfügbar unter http://www.sueddeutsche.de/politik/2.220/chronologie-der-ereignisse-in-syrien-vom-politischen-fruehling-in-den-krieg-1.1758046, zuletzt geprüft am 20.06.2016.

[9]Spiegel Online (2012): Syrien-Konferenz in Genf: Assad bleibt an Übergangsregierung beteiligt. Online verfügbar unter http://www.spiegel.de/politik/ausland/syrien-konferenz-in-genf-assad-bleibt-an-uebergangsregierung-beteiligt-a-841912.html, zuletzt geprüft am 20.06.2016.

beiter wurde aber die Mission nach kurzer Zeit abgebrochen. Nach einem Massaker in Homs distanzierten sich noch mehr Staaten vom syrischen Regime und zogen daraufhin ihre Botschafter ab. Im Sommer 2012 gab es zwischen der Türkei und dem syrischen Regime den ersten Zwischenfall. Das Regime schoss ein türkisches Militärflugzeug ab. Durch den Konflikt in Syrien verschlechterter sich das Verhältnis beider Staaten enorm. Aus ehemaligen Verbündeten wurden unerbittliche Feinde. Durch das Vorgehen des Regimes distanzierten sich immer mehr Soldaten. Viele wechselten die Seiten und traten der FSA bei. Diese wurde immer stärker, und konnten immer größere Aktionen gegen das Regime durchführen.

Je länger der Konflikt andauerte, desto mehr Gruppierungen formierten sich im Kampf gegen das syrische Regime. Diese Gruppen konnten mit Attentaten neue Mitglieder gewinnen und dem syrischen Regime enorme Verluste beibringen.

Bei einem Attentat in Damaskus wurden zwei Minister getötet. Dieser Verlust schwächte die Führung des Regimes. Kofi Annan trat nach kurzer Zeit zurück, da er mit der Entwicklung und den Fortschritten im syrischen Bürgerkrieg nicht zufrieden war. Sein Nachfolger wurde Lakhdar Brahimi, ehemaliger algerischer Außenminister.

Die politische Opposition konnte immer mehr Boden gut machen. Auch international stieg der Druck auf Baschar al-Assad. Der US-amerikanische Präsident Obama drohte ihm mit einem Angriff, sollte er Giftgas gegen die Zivilbevölkerung einsetzten[10]. Doch es blieb bei einer Drohung, obwohl es anschließend immer wieder zu Angriffen mit Giftgas gegen die syrische Zivilbevölkerung kam. Im Laufe des Konfliktes wurde auch ein Großteil des syrischen Kulturerbes zerstört. Gebäude, die mehrere hundert Jahre alt waren, wurden in den Auseinandersetzungen beschädigt. Baschar al-Assad rief in Fernsehansprachen immer dazu auf, die Opposition zu bekämpfen. Ein Referendum, das er ankündigte, wurde von Seiten der syrischen Bevölkerung wenig beachtet. Auch die Opposition boykottierte dieses.

Wegen anhaltender Provokationen aus Syrien rief die Türkei den Nato-Bündnisfall aus. Daraufhin wurden „Patriot"-Raketen in der Türkei stationiert.

---

[10]Süddeutsche (2013): Wie sich Assad an der Macht hält. Online verfügbar unter http://www.sueddeutsche.de/politik/2.220/chronologie-der-ereignisse-in-syrien-vom-politischen-fruehling-in-den-krieg-1.1758046, zuletzt geprüft am 20.06.2016.

Auch die Bundesrepublik Deutschland beteiligte sich an dieser Mission[11]. Russland, ein traditioneller Verbündeter von Damaskus, unterstützte schon sehr früh das Regime im Bürgerkrieg. Wegen der Unterstützung des syrischen Regimes verschlechterten sich auch die Beziehungen zur Türkei drastisch im Laufe des Konflikts. Den Anfang machte die Durchsuchung eines Passagierflugzeuges.

Es wurde versucht, die syrischen Soldaten mit einer Waffenlieferung zu unterstützen. Zwischen dem Präsidenten Wladimir Putin und dem türkischen Präsidenten Recep Tayyip Erdogan gab es immer wieder große Differenzen im syrischen Bürgerkrieg, weil beide Parteien unterschiedliche Interessen verfolgen.

Der Konflikt in Syrien kostete immer mehr Menschen das Leben und zog auch die Länder in der Region in Mitleidenschaft. Israel bombardierte seit Beginn der Kampfhandlungen immer wieder syrisches Territorium, um nach seiner Aussage eine Gefährdung von israelischen Zivilisten zu verhindern. Man wollte mit den Einsätzen vor allem Waffenlieferungen an die schiitische Hisbollah-Miliz verhindern. Die Hisbollah-Miliz sollte sich im Verlauf des Bürgerkrieges als schlagkräftiger und loyaler Verbündeter des syrischen Regimes erweisen.

Im Sommer 2013 gab es dann einen tragischen Angriff auf die syrische Zivilbevölkerung, bei dem mehrere hundert Menschen den Tod fanden. Nach UN[12] und europäischen Angaben handelte es sich bei dem Angriff um einen gezielten Giftgas-Angriff des syrischen Regimes. Der Drohung Barack Obamas, bei einem Giftgasangriff zu intervenieren, folgten keine Taten. Baschar al-Assad bezeichnete die Vorwürfe über den Giftgasangriff als Unsinn und machte Rebellengruppen für die Toten verantwortlich[13]. Russland stellte den Vorschlag auf, die syrischen Chemiewaffen unter internationaler Aufsicht zu vernichten, um einen weiteren Giftgasangriff zu verhindern. Auch wenn der Einsatz von Chemiewaffen als absolutes Tabu[14] angesehen wurde, blieb ein Eingreifen der internationalen Gemeinschaft aus. Diese Tatsache kratzte erheblich an der Glaub-

---

[11]Frankfurter Allgemeine (2013): „Patriot"-Raketen eingetroffen. Online verfügbar unter http://www.faz.net/aktuell/politik/tuerkei-patriot-raketen-eingetroffen-12032867.html, zuletzt geprüft am 20.06.2016.

[12]Vereinigte Nationen

[13]Süddeutsche (2013): Wie sich Assad an der Macht hält. Online verfügbar unter http://www.sueddeutsche.de/politik/2.220/chronologie-der-ereignisse-in-syrien-vom-politischen-fruehling-in-den-krieg-1.1758046, zuletzt geprüft am 20.06.2016.

[14]Perthes, Volker (2013): Modell vorm Zerfall. Online verfügbar unter http://www.swp-berlin.org/fileadmin/contents/products/fachpublikationen/IP_06_2013_Perthes_01.pdf, zuletzt geprüft am 20.06.2016.

würdigkeit der Vereinten Nationen, wie auch der Vereinigten Staaten von Amerika, die den Einsatz von Chemiewaffen als rote Linie bezeichneten. Die Vernichtung und Kontrolle wurde unter die Aufsicht der OPCW[15] gestellt. Doch wurden bisher immer noch nicht alle Chemiewaffen zerstört. Und es befinden sich immer noch chemische Waffen im syrischen Territorium im Umlauf[16].

Im Rahmen der Genf 2- Konferenz wollte man ein Ende der Kampfhandlungen herbeiführen. Doch schon vor Beginn der Verhandlungen relativierten sich die Erwartungen. Denn schon vor den Verhandlungen machten sich Opposition und Regime große Vorwürfe. Beide machten die jeweils andere Seite für das Leid der Zivilbevölkerung verantwortlich[17]. Die syrische Opposition pochte auf eine Übergangsregierung ohne Assad, das Regime lehnte dies natürlich strikt ab. Auch bei den 2 Genf-Konferenzen gab es keine nennenswerten Ergebnisse bei der Lösung des Konfliktes. Einige Idealisten sahen schon das bloße Zusammenkommen beider Konfliktparteien als großen Erfolg an[18].

Unter dem neuen UN-Sondergesandten Staffan de Mistura kam neuer Schwung in die Friedensverhandlungen. Ende 2015 trafen sich die Außenminister von 17 Staaten, sowie Vertreter der EU[19] und der UN, um einen Waffenstillstand[20] zwischen den Parteien zu schließen.

Wie in der Vergangenheit, gingen auch die Ansichten in Wien stark auseinander. Die Zukunft von Baschar al-Assad war unter den Verhandlungspartnern sehr umstritten.

---

[15]Organisation für ein Verbot von Chemiewaffen

[16]ntv (2014): Assad verschleppt Giftgas-Vernichtung. Online verfügbar unter http://www.n-tv.de/politik/Assad-verschleppt-Giftgas-Vernichtung-article12385231.html, zuletzt geprüft am 20.06.2016.

[17]Kapp, Jean-Pierre (2014): Syrien-Konferenz in Genf vertagt. Online verfügbar unter http://www.nzz.ch/aktuell/international/auslandnachrichten/syrien-konferenz-in-genf-vertagt-1.18233623, zuletzt geprüft am 20.06.2016.

[18]Abdullah, Bassam (2014): Genf 2-Der Weg zum Frieden? Online verfügbar unter http://www.huffingtonpost.de/bassam-abdullah/genf-2-der-weg-zum-friede_b_4758231.html, zuletzt geprüft am 20.06.2016.

[19]Europäische Union

[20]Spiegel Online (2015): Konferenz in Wien: Syrer sollen ihre Zukunft frei wählen. Online verfügbar unter http://www.spiegel.de/politik/ausland/syrien-konferenz-in-wien-appell-fuer-wahlen-und-waffenstillstand-a-1060476.html, zuletzt geprüft am 20.06.2016.

Einige stimmten dafür, dass Assad langsam abtreten müsse, andere wiederum meinten, das syrische Volk sollte selbst über seine Zukunft bestimmen, dies könnte z.B. durch Wahlen unter UN-Aufsicht stattfinden.

Nach Wien folgten Gespräche in München. Diese waren wahrscheinlich die vielversprechendsten Verhandlungen seit Beginn des Konfliktes. 17 Staaten zusammen mit der EU und der UN einigten sich auf einen Fahrplan für die weitere Zukunft von Syrien. Dabei standen vor allem drei Punkte[21] im Vordergrund. Erstens solle die humanitäre Hilfe verbessert werden, zweitens möchte man die Gewalt vermindern, und drittens solle der politische Prozess in Verbindung mit den Genfer Friedensverhandlungen wieder angestoßen werden.

Gegenwärtig werden in Genf Friedensverhandlungen zwischen den Konfliktparteien geführt. Doch gibt es zwischen den Parteien enorme Differenzen. Der Graben zwischen den Konfliktparteien bleibt weiterhin groß[22]. Auch wenn ein Waffenstillstand vereinbart wurde, gibt es tagtäglich Verstöße dagegen. Der Krieg in Syrien wird weiterhin mit aller Härte und Grausamkeit geführt. Jeder Akteur versucht, mit allen Mittel seine Verhandlungsposition zu stärken. Je länger der Konflikt andauert, desto mehr Akteure treten auf den Plan, die keine Rücksicht auf Verluste nehmen. Dies trifft vor allem die Zivilisten, die zu Millionen auf der Flucht vor Tod und Zerstörung sind.

Aktuell ist der Verlauf des Konfliktes unsicher. Auch die Konfliktlinien werden immer unübersichtlicher.

3.3. Akteure im Bürgerkrieg

Syrien ist ein Land, in dem viele strategische Konfliktlinien des Nahen Ostens aufeinandertreffen. So gibt es ein komplexes Geflecht aus unterschiedlichen Machtinteressen[23]. Wie in der Vergangenheit ist Syrien nun wieder Schauplatz dieser Kräfte geworden. Im Bürgerkrieg spielen hierbei eine Vielzahl von regio-

---

[21]Spiegel Online (2016): Einigung in München: Syrien-Konferenz will Feuerpause binnen einer Woche erzielen. Online verfügbar unter http://www.spiegel.de/politik/ausland/syrien-konferenz-in-muenchen-einigt-sich-auf-eindaemmung-der-gewalt-a-1076992.html, zuletzt geprüft am 20.06.2016.

[22]Focus Online (2016): Erhebliche Differenzen bei Syrien-Gesprächen. Online verfügbar unter http://www.focus.de/politik/ausland/konflikte-syrien-gespraeche-starten-in-genf_id_5355608.html, zuletzt geprüft am 20.06.2016.

[23]Helberg, Kristin; Christian, P.Hanelt (2013): Syrien-Vom Aufstand zum Krieg. Online verfügbar unter http://www.bertelsmann-stiftung.de/cps/rde/xbcr/SID-4D2BE3A2-9B77BCA6/bst/BS_Spotlight1302_DE_web.pdf, zuletzt geprüft am 20.06.2016.

nalen und internationalen Faktoren eine Rolle. Einige unterstützen das syrische Regime, andere wiederum nahmen früh Stellung für die Seite der Rebellenbewegung ein und unterstützen diese. Betrachtet man die Parteien und ihre Interessen, merkt man, wie komplex die Situation ist[24]. Dieser Abschnitt soll dazu dienen, die einzelnen Akteure, die in dieser bewaffneten Auseinandersetzung direkt oder indirekt involviert sind, zu untersuchen. Welche Interessen haben die unterschiedlichen Parteien in Syrien und warum wird die jeweilige Seite so energisch unterstützt? Um das Bild der verschiedenen Akteure anschaulicher darzulegen, werden wir eine Tabelle zum besseren Überblick darstellen. Hierbei werden wir einen Unterschied zwischen Unterstützern, Gegnern und Parteien des dritten Weges machen.

---

[24]CSS ETH Zürich (2012): Der Syrische Bürgerkrieg: Zwischen Eskalation und Intervention. Online verfügbar unter http://www.css.ethz.ch/publications/pdfs/CSS-Analysen-124-DE.pdf , zuletzt geprüft am 20.06.2016.

Unterstützer	Interessen
Regime	Das Regime unter Baschar al Assad kämpft mit äußerster Brutalität gegen verschiedene Gruppen in Syrien. Bisher gab es viele Verluste auf der Seite des Regimes. Zahlreiche Menschen mussten aus Syrien flüchten und fanden in Nachbarstaaten Zuflucht.
Russland & China	Auch international gibt es Kräfte, die hinter Baschar al-Assad stehen, darunter die zwei UN-Vetomächte Russland und China. Während sich die Volksrepublik bei der Unterstützung zurückhaltend gibt, unterstützt der Kreml Syrien deutlich aktiver. Dies liegt vor allem daran, dass Syrien ein enger Verbündeter Russlands im Nahen Osten ist. Außerdem versuchen Russland und China immer wieder, durch ihr Vetorecht im Sicherheitsrat eine Pattsituation herbeizuführen und Sanktionen gegen das syrische Regime zu verhindern[25].
Hisbollah	Das Bündnis zwischen Syrien und der schiitischen Hisbollah ist immer stärker ausgeprägt. So schickte die Führung tausende Kämpfer nach Syrien, um an der Seite der Regierung gegen die Rebellen zu kämpfen. Im Libanon, dem Stammgebiet der Hisbollah, kommt es immer wieder zu Gefechten zwischen Befürwortern und Gegnern des Regimes[26].
Irak	Die Regierung in Bagdad versucht auch, ein Erstarken sunnitischer Kräfte zu verhindern. Denn die Kämpfe zwischen sunnitischen und schiitischen Gruppen

---

[25]Helberg, Kristin; Christian, P.Hanelt (2013): Syrien-Vom Aufstand zum Krieg. Online verfügbar unter http://www.bertelsmann-stiftung.de/cps/rde/xbcr/SID-4D2BE3A2-9B77BCA6/bst/BS_Spotlight1302_DE_web.pdf, zuletzt geprüft am 20.06.2016.

[26]Bickel, Markus (2013): Die „Achse des Widerstands" steht. Online verfügbar unter http://www.faz.net/aktuell/politik/syriens-unterstuetzer-die-achse-des-widerstands-steht-12548788.html, zuletzt geprüft am 20.06.2016.

	flammen immer wieder auf und es kommt zu großen Verlusten innerhalb der Zivilbevölkerung. Diese Angst wurde in letzter Zeit durch das Erstarken der ISIS verstärkt, die immer mehr Angriffe auf die Sicherheitskräfte verübt. So konnte diese Organisation auch zusammenhängende Gebiete erobern, was einen starken Zuwachs ihrer Macht zeigt[27].
Iran	Die Regierung in Teheran ist ein wichtiger Unterstützer des syrischen Regimes. Iran unterstützt dieses militärisch, logistisch und finanziell. Im Nahen Osten ist Syrien das einzige arabische Land, das gute Beziehungen zum Iran unterhält. Deshalb möchte der Iran diesen Verbündeten als Stellvertreter im arabischen Raum behalten. Vor allem dient Syrien als Verbindung zur schiitischen Hisbollah im Libanon[28].
Gegner	**Interessen**
Politische/militärische Opposition	Die syrische Opposition ist in sich sehr gespalten. Bisher war es nicht möglich, alle Strömungen und Interessen in einer einzigen Kraft gegen Baschar al-Assad zu formieren. Dies führt dazu, dass die syrische Opposition nicht geschlossen gegenüber der syrischen Regierung steht. Durch diese Tatsache verliert sie an Stärke. Wie die politische Opposition ist auch die militärische Opposition in sich sehr gespalten. Es gibt verschiedene Gruppierungen, die unterschiedliche Interessen verfolgen[29].

---

[27]Salloum, Raniah (2014): Al-Qaida in Syrien und Irak: Neuer Gottesstaat im Nahen Osten. Online verfügbar unter http://www.spiegel.de/politik/ausland/isis-in-irak-und-syrien-bauen-die-extremisten-am-gottesstaat-a- 941782.html, zuletzt geprüft am 20.06.2016.

[28]Helberg, Kristin; Christian, P.Hanelt (2013): Syrien-Vom Aufstand zum Krieg. Online verfügbar unter http://www.bertelsmann-stiftung.de/cps/rde/xbcr/SID-4D2BE3A2-9B77BCA6/bst/BS_Spotlight1302_DE_web.pdf, zuletzt geprüft am 20.06.2016.

[29]Zein, Huda (2013): Syrien. Identitäten und Interessen der syrischen Oppositionellen. Online verfügbar unter https://www.bpb.de/apuz/155105/syrien?blickinsbuch, zuletzt geprüft am 20.06.2016.

Türkei	Einer der Staaten, die mit den größten Folgewirkungen wegen dem syrischen Konflikt konfrontiert werden, ist zweifellos die Türkei. Denn sie hat den größten Grenzverlauf mit Syrien. Ein Großteil der Flüchtlinge ist in die Türkei geflohen. Genaue Zahlen gibt es nicht, aber es sind mehrere Hunderttausend. Einst waren die beiden Staaten starke Verbündete, doch dies ist mittlerweile nicht mehr der Fall.
Arabische Staaten (vor allem Saudi Arabien und Katar)	Mit großem Engagement versuchen sie, gegen Baschar al-Assad vorzugehen. Die Tatsache, dass der Iran auf der Seite der syrischen Regierung ist, brachte die beiden Staaten auf den Plan. Denn es gibt eine lange Tradition zwischen diesen Parteien im Kampf um die Macht im Nahen Osten. Mit großer Sorge wird das Erstarken schiitischer Kräfte beobachtet. Beide Staaten, vor allem Saudi-Arabien, versuchen dieses mit ihren Mitteln zu verhindern[30].
USA & EU	Im Gegensatz zu Russland und China streben die USA und die EU einen Sturz Baschar al-Assads an. Der Westen würde gern das jetzige Regime durch eine demokratische und pro-westliche Regierung ersetzen. Deshalb unterstützt es vor allem säkulare Oppositionelle. Sie versucht dadurch, andere Mächte in Syrien zurückzudrängen. Der Westen fürchtet vor allem, dass radikale Gruppierungen an Einfluss gewinnen, die einen Zerfall Syriens beschleunigen und eine Eskalation in der gesamten Region herbeiführen könnten[31]. Gegenwärtig ist eine Eindämmung der Flüchtlingsströme nach Europa ein Hauptziel der Europäischen Union.

---

[30]Jaeger, Kinan; Tophoven Rolf (2013): Syrien. Internationale Akteure, Interessen, Konfliktlinien. Online verfügbar unter https://www.bpb.de/apuz/155105/syrien?blickinsbuch, zuletzt geprüft am 20.06.2016.

[31]Helberg, Kristin; Christian, P.Hanelt (2013): Syrien-Vom Aufstand zum Krieg. Online verfügbar unter http://www.bertelsmann-stiftung.de/cps/rde/xbcr/SID-4D2BE3A2-9B77BCA6/bst/BS_Spotlight1302_DE_web.pdf , zuletzt geprüft am 20.06.2016.

Dritter Weg	Interessen
Kurden	Die größte Minderheit in Syrien ist die der Kurden, welche vor allem in Nordsyrien leben. Im Verlauf des Konfliktes haben mehrere kurdische Parteien es geschafft, zusammenhängende Gebiete unter ihre Kontrolle zu bringen. Diese Gruppierungen werden im „Hohen Kurdischen Rat" zusammengefasst. Hierbei spielt die PYD die größte Rolle[32].
IS	Der sogenannte Islamische Staat hat durch enorme Gebietsgewinne in Syrien und Irak für Aufsehen gesorgt. Seine Anhänger gehen mit größter Brutalität gegen Gegner und Zivilisten vor. Selbsternannte Hauptstadt ist die syrische Stadt Rakka. Hier versucht sie, durch kommunale Dienste die Bevölkerung für sich zu gewinnen. ISIS rekrutiert hauptsächlich Nicht-syrer insbesondere aus Saudi-Arabien, Tschetschenien, Nordafrika, Irak und Europa[33].

Die verschiedenen Interessen der Akteure zeigen, wie schwer es ist, alle an einem Tisch zu vereinen. Es besteht zwischen den Parteien ein großes Spannungsfeld. Viele der Ansichten und Ziele gehen weit auseinander oder sind gar konträr. Vor allem Gruppierungen wie der IS sind schwer zu kontrollieren, da sie sich an keine internationalen wie auch moralischen oder ethnischen Richtlinien halten. Ein weiteres Problem sind die konträren Interessen der Weltmächte. In Syrien prallen diese frontal aufeinander, sodass es schwierig sein wird, eine politische Lösung in diesem Konflikt zu finden, sollten die Weltmächte keinen Konsens im Weltsicherheitsrat finden.

---

[32]Deutsch Türkische Nachrichten (2014): Syrien vor dem Zerfall: Kurden gründen Autonomie-Regierung. Online verfügbar unter http://www.deutsch-tuerkische-nachrichten.de/2014/01/497462/syrien-vor-dem-zerfall-kurden-gruenden-autonomie-regierung/, zuletzt geprüft am 20.06.2016.

[33]Steinberg, Guido (2014): Die neuen Löwen Syriens. Salafistische und jihadistische Gruppen dominieren die syrische Aufstandsbewegung. Online verfügbar unter http://www.swp-berlin.org/fileadmin/contents/products/aktuell/2014A18_sbg.pdf , zuletzt geprüft am 20.06.2016.

3.4. Verluste und Zahl der Flüchtlinge

Der Bürgerkrieg in Syrien führte zweifellos zu einer der größten humanitären Katastrophen der jüngeren Geschichte, wenn nicht sogar der Größten. Im Laufe der bewaffneten Auseinandersetzung starben unzählige Menschen, viele mussten ihre Heimat verlassen.

In diesem Abschnitt soll aufgezeigt werden, wie viele syrische Flüchtlinge auf der Flucht sind und wie hoch die Opferzahlen in diesem Konflikt sind.

3.4.1. Verluste

Die Proteste in Syrien wurden zu Beginn friedlich geführt. Doch durch das brutale Eingreifen des Regimes führten die friedlichen Proteste zu einem langen andauernden Krieg. Je länger der Konflikt dauerte, desto mehr Akteure traten auf den Plan. Dies führte dazu, dass die Opferzahl stark zunahm. Eine genaue Zahl der Opfer gibt es nicht. Die Zahlen schwanken stark, es gibt erhebliche Unterschiede zwischen den Studien. Die Vereinten Nationen bezifferten im Februar 2016 die Zahl der Opfer auf 250.000 Menschen. Doch wird die Zahl seitens anderer Studien angezweifelt. Die Vereinten Nationen hatten aufgehört die Opferzahlen zu zählen und bei der Beschaffung von Informationen aus Syrien gäbe es erhebliche Mängel. Das SCPR[34] bezifferte hingegen die Zahl der Opfer auf über 470.000. Diese Zahl ist fast doppelt so hoch wie die Studie von den Vereinten Nationen. Die Zahl des SCPR scheint unter der Tatsache realistischer, da sie sich auf eine breite Recherche in Syrien baut[35].

Laut der Studie starben die meisten Menschen an den direkten Kriegsfolgen. Andere wiederum starben an mangelnder medizinischer Versorgung oder an ihren schweren Verletzungen. Eine weitere erschreckende Zahl betrifft die Lebenserwartung in Syrien. Lag diese vor dem Bürgerkrieg bei 70 Jahren, fiel sie mittlerweile auf 55 Jahre.

3.4.2. Zahl der Flüchtlinge

Wie bei fast jedem bewaffneten Konflikt sind die Zivilisten die am stärksten betroffene Gruppe, so auch in Syrien. Durch die Flüchtlingsströme nach Europa änderte sich das Bewusstsein in der Medienlandschaft. In diesem Teil der Arbeit

---

[34]Syrisches Zentrum für politische Forschung

[35]Zeit Online (2016): Doppelt so viele Tote wie bisher angenommen. Online verfügbar unter http://www.zeit.de/gesellschaft/zeitgeschehen/2016-02/syrien-krieg-bilanz-bericht-tote-bevoelkerung-verletzte, zuletzt geprüft am 20.06.2016.

sollen kurz die Aufnahmestaaten aufgezeigt werden. Die untere Karte soll dazu dienen, einen besseren Überblick über die Verteilung der syrischen Flüchtlinge in den Nachbarstaaten zugeben.

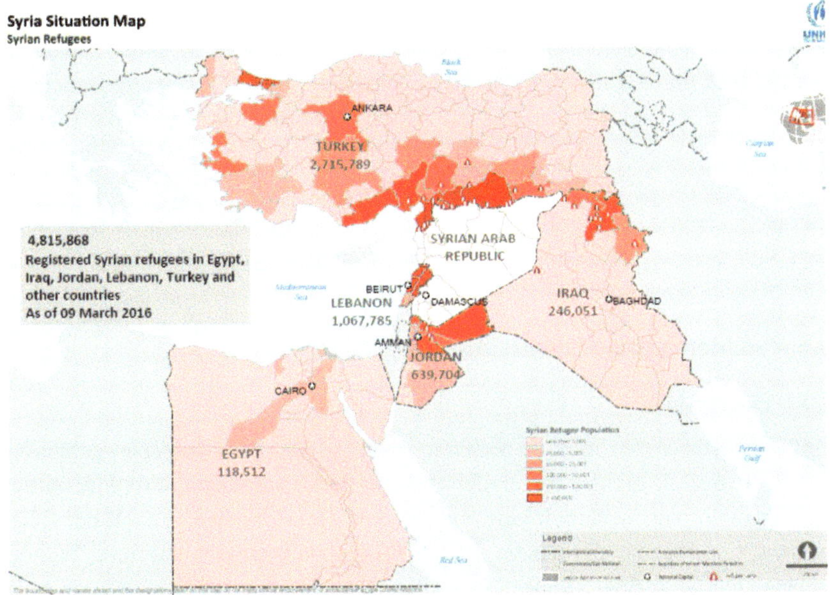

Quelle:(http://data.unhcr.org/syrianrefugees/regional.php. Stand 09. März 2016)

Laut UNHCR[36] befinden sich (Stand: März 2016) über 4.8 Millionen Syrer in Nachbarstaaten. Hauptziele der Flüchtlinge sind die Türkei, Jordanien, Libanon, Ägypten und der Irak. Die roten Farbtöne zeigen die Konzentration syrischer Flüchtlinge in den jeweiligen Regionen. In der Türkei sind mit Abstand die meisten syrischen Flüchtlinge. Gefolgt von Libanon mit einer Millionen und Jordanien mit etwas mehr als 600.000. Am Beispiel der Türkei sieht man, dass die Konzentration syrischer Flüchtlinge vor allem an der Grenzregion und in Istanbul sehr stark ausgeprägt ist. In der Türkei gibt es über 2,7 Millionen registrierte syrische Flüchtlinge, die meistens in Flüchtlingscamps in der Grenzregion untergebracht sind. Doch gibt es einen großen Anteil nicht registrierter Flüchtlinge in der Türkei, sodass die Zahl weitaus höher ist als offiziell bestätigt.

---

[36]United Nations High Commissioner for Refugees /Hoher Flüchtlingskommissar der Vereinten Nationen

Im weiteren Teil dieser Thesis wird auf die Türkei detaillierter eingegangen. Hierbei wird der Fokus auf die Metropole Istanbul gelegt.

Nicht nur in den Nachbarstaaten gibt es Flüchtlinge, auch nach Europa zog es viele Syrer. Zwischen April 2011 und Dezember 2015 gab es knapp 900.000 Asylanträge von Syrern in europäischen Staaten[37]. Der Großteil davon in Deutschland und Serbien gefolgt von Schweden, Österreich, Ungarn, Dänemark und den Niederlanden. Doch die mit Abstand größte Gruppe sind die Binnenflüchtlinge in Syrien selbst. Der UNHCR spricht von 6,5 Millionen[38] Syrern die vor den Kampfhandlungen innerhalb ihres Landes geflohen sind. Zählt man alle Zahlen zusammen, kommt man auf über 12 Millionen Menschen. Das heißt, dass sich mehr als die Hälfte der syrischen Bevölkerung auf der Flucht von den Kampfhandlungen befindet.

3.5. Fluchterfolg und Fluchtstationen/Phasen

3.5.1. Fluchterfolg

Die Reise aus Syrien in einen sicheren Staat ist für viele Menschen gefährlich und anstrengend. Immer wieder sieht man in den Nachrichten, dass Flüchtlinge auf dem Weg zur Sicherheit gestorben sind. Viele Menschen, die auf der Reise sterben, sind Frauen oder Kinder, da sie den großen Strapazen auf ihrer Wanderung nicht standhalten können. Vor allem die Überfahrt von der Türkei nach Griechenland birgt eine enorme Gefährdung der Flüchtlinge. Für die Überfahrt nach Griechenland bezahlen die Flüchtlinge Schlepper, um sie über die Grenze zu bringen. Hierbei werden meistens Schlauchboote benutzt, die alles andere als sicher sind. Diese sind meistens überfüllt, und bieten keinerlei Schutz für ihre Passagiere. Die Flüchtlinge haben meistens auch keine ordnungsgemäßen Schwimmwesten dabei, sondern billige Fälschungen, die ihren Zweck nicht erfüllen.

Die Überfahrt nach Griechenland birgt große Gefahren. Immer wieder sterben Menschen, der wahrscheinlich bekannteste Fall ist der Tod von Alan Kurdi, der gemeinsam mit seinen Eltern die Überfahrt nach Griechenland antrat. Auf dem

---

[37]UNHCR (2016): Syria Regional Refugee Response. Online verfügbar unter http://data.unhcr.org/syrianrefugees/regional.php, zuletzt geprüft am 20.06.2016.

[38]UNHCR (2015): 2015 UNHCR country operations profile - Syrian Arab Republic. Online verfügbar unter http://www.unhcr.org/pages/49e486a76.html, zuletzt geprüft am 20.06.2016.

Weg nach Griechenland[39], kam das Flüchtlingsboot zum Kentern. Der zweijährige Alan ertrank bei diesem tragischen Vorfall. Der Körper des kleinen Alan wurde an die Küste der Türkei geschwemmt. Ein Foto des kleinen, leblosen Körpers ging um die Welt und schockierte Millionen. Viele Menschen solidarisierten sich mit den Flüchtlingen. Doch bleibt Alan nicht das einzige Opfer auf der gefährlichen Überfahrt. Eine erfolgreiche Ankunft in Griechenland bleibt vielen Flüchtlingen verwehrt. Viele sterben bei dem Versuch, ihren Fuß nach Europa zu setzen und dort bei einem Staat ein Asylverfahren einzuleiten. Das Netzwerk „ProAsyl" spricht von acht Toten täglich im Jahr 2016[40], die beim Versuch, nach Europa zu reisen, in der Ägäis sterben.

3.5.2. Fluchtstationen/-phasen

Viele syrische Flüchtlinge reisen durch die türkische Grenze in die Türkei ein. Einige bleiben in der Türkei, andere versuchen weiter nach Europa zu reisen. Um die Stationen anschaulicher darzustellen, werden wir eine Karte benutzen. Einen detaillierteren Blick auf die Türkei werden wir im zweiten Abschnitt dieser Thesis vornehmen. In diesem Abschnitt soll lediglich ein kleiner Einblick auf die Fluchtstationen vor allem nach Deutschland aufgezeigt werden.

---

[39]Faller, Heike (2016): Ohne Ihn. Online verfügbar unter http://www.zeit.de/zeit-magazin/2016/03/alan-kurdi-fluechtlingsjunge-strand-familie, zuletzt geprüft am 20.06.2016.

[40]Pro Asyl (2016): Januar 2016: Täglich acht tote Flüchtlinge in der Ägäis. Online verfügbar unter
http://www.proasyl.de/de/news/detail/news/januar_2016_taeglich_acht_tote_fluechtlinge_in_der_aegaeis/, zuletzt geprüft am 20.06.2016.

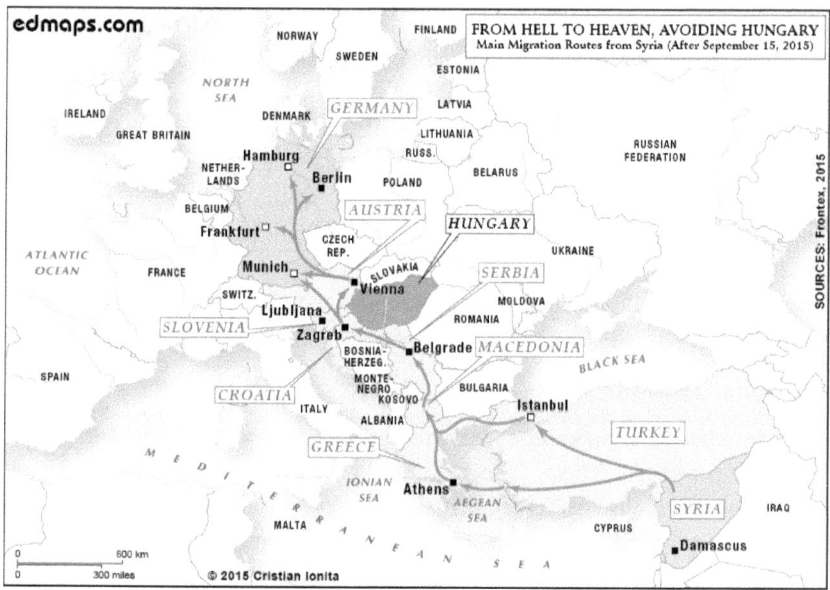

Quelle:
(http://edmaps.com/assets/images/Refugees_routes_avoiding_Hungary_2015.png,
Stand: 22.03.2016)

Viele syrische Flüchtlinge schlagen ihren Weg durch die Ägäis an. Wie im obigen Abschnitt erläutert gibt es regelmäßig Tode bei der versuchten Überfahrt. Andere Flüchtlinge versuchen durch die Grenzübergänge nach Griechenland oder Bulgarien einzuwandern. Doch die Grenzen auf türkischer Seite sind sehr gut bewacht, sodass ein illegales Weiterkommen nahezu unmöglich ist. Sollte es Flüchtlingen gelingen, nach Griechenland einzureisen, dann warten Aufenthalte im Freien oder in Camps. Doch für viele ist Griechenland nur die erste Station in Europa. Die meisten syrischen Flüchtlinge wollen weiter bis nach Deutschland. Hierbei müssen sie erst über die sogenannte Balkanroute. Doch schlossen Kroatien und Slowenien ihre Grenzen, was diesen Weg für viele Flüchtlinge nur schwer möglich macht. Viele der Flüchtlinge, darunter auch Nicht-Syrer, müssen in Mazedonien ausharren.

Die Zahl der Flüchtlinge in Mazedonien[41], geht in die Tausende und jeden Tag kommen mehr hinzu. Auch die Versorgung dieser wird von Tag zu Tag immer schwerer.

Die Ereignisse zeigen, dass die Europäische Union vor einer großen Herausforderung steht. Die Mitgliedstaaten können sich auf einen gemeinsamen Nenner nicht einigen. Und so wurde mit unserem Beispielland, der Türkei, ein Deal ausgehandelt. Um die Flüchtlingskrise mit der Türkei zu bewältigen. Es gibt viele Befürworter und Gegner dieses Handels. Nichtsdestotrotz wurde der Deal mit der Türkei im März 2016 vereinbart. Die Türkei verpflichtet sich, Flüchtlinge, die ab dem 20. März illegal nach Griechenland eingereist sind, zurückzunehmen. Die EU hingegen nimmt für jeden Rückkehrer einen Flüchtling legal aus der Türkei auf. Die Flüchtlinge, die von der Europäischen Union aufgenommen werden, werden unter der Aufsicht der Vereinten Nationen auf die verschiedenen Mitgliedstaaten aufgeteilt.

Neben der Rückführung wurden der Türkei in den Verhandlungen weitere Zugeständnisse zugesprochen. Einerseits erhält die türkische Regierung Gelder von der Europäischen Union, die direkt für Flüchtlingsprojekte sind, anderseits soll es eine Visa-Erleichterung für türkische Bürger bei der Einreise in die Europäische Union geben[42]. Auch der stockende EU-Beitritt der Türkei soll durch die Öffnung eines Verhandlungskapitels wieder an Fahrt aufnehmen.

---

[41]Welt Online (2016): Kein einziger Flüchtling in Kroatien und Slowenien. Online verfügbar unter http://www.welt.de/politik/ausland/article152844686/Kein-einziger-Fluechtling-in-Kroatien-und-Slowenien.html, zuletzt geprüft am 20.06.2016.

[42]tagesschau: Was EU und Türkei beschlossen haben. Online verfügbar unter http://www.tagesschau.de/ausland/eu-tuerkei-abkommen-101~_origin-368c62a1-779f-484e-b9af-868dd6cdc090.html, zuletzt geprüft am 20.06.2016.

4. Lebenssituation syrischer Flüchtlinge

In diesem Abschnitt möchten wir uns detaillierter mit der Lebenssituation syrischer Flüchtlinge in der Türkei befassen. Zu Beginn werden wir aufzeigen, wo und wie viele syrische Flüchtlinge in der Türkei untergebracht sind. Danach werden wir einen Blick auf die türkische Asyl- und Flüchtlingspolitik werfen. Unter anderem wird geklärt, welche Rechte die Flüchtlinge in der Türkei besitzen. Ein weiterer Punkt in diesem Abschnitt wird die Lebenssituation syrischer Flüchtlinge in Istanbul sein, diesem Punkt werden wir uns etwas genauer widmen. Hierbei werden wir uns auch die Arbeiten von Nichtregierungsorganisationen anschauen. Hierbei werden wir exemplarisch einige NGOs näher in Augenschein nehmen. Zum Ende dieses Abschnittes werden individuelle Lebenssituationen von syrischen Flüchtlingen in Istanbul aufgezeigt. Die Erhebungsmethode dieser individuellen Geschichten werden wir anhand von Interviews vornehmen. Die Interviews sind ein wichtiger Bestandteil dieser Master-Thesis.

4.1. Zahl und Aufenthaltsorte der Flüchtlinge in der Türkei

In der Türkei leben mit Abstand die meisten syrischen Flüchtlinge. Fast drei Millionen von ihnen leben in der Türkei. Beim Aufenthalt muss man zwischen zwei Typen unterscheiden. Zum einen die Flüchtlinge, die in Camps untergebracht sind, zweitens diejenigen, die nicht in Camps leben. Erstere ist die weit kleinere Gruppe. Der Großteil der syrischen Flüchtlinge lebt nicht in Camps, sondern in anderen Orten, wie beispielsweise bei Verwandten, Wohnungen, leider gibt es auch einige, die unter freiem Himmel leben.

Die Camps, in denen die Flüchtlinge leben, werden vom türkischen Katastrophenschutz, kurz AFAD[43] und dem Türk Kizilay[44] betreut. Die AFAD unterhält 25 Camps in insgesamt 10 Städten. Diese Camps haben eine maximale Kapazität von ca. 330.000 Menschen. Von den verfügbaren Plätzen in den Camps sind etwa 272.000 Plätze belegt. Wenn man annimmt, dass die AFAD über anderthalb Millionen Flüchtlinge registriert hat, wirkt die Zahl von Flüchtlingen, die in Camps untergebracht sind, erheblich kleiner. Um die Camps und die Kapazitäten besser zu veranschaulichen, werden wir eine Karte benutzen. Anhand dieser lässt sich nachvollziehen, in welchen Teilen der Türkei die Camps verteilt sind. Auf den ersten Blick sieht man, dass die meisten Unterkünfte an der Grenze zu

---

[43]Afet ve Acil Durum Yönetimi Başkanlığı

[44]Türkischer Halbmond

Syrien sind, nämlich bei Hatay, Gaziantep und Sanliurfa. Diese Region bietet verschiedene Vorteile gegenüber anderen Teilen der Türkei. So ist sie als allererstes sehr nah an der syrischen Grenze. Flüchtlinge können schnell in die Türkei einreisen. Des Weiteren gibt es in dieser Region Verwandtschaftsbanden mit der syrischen Bevölkerung.

Die türkische Provinz Hatay gehörte noch vor einigen Jahren zum syrischen Hoheitsgebiet. Deshalb spricht ein Teil der Bevölkerung Arabisch, was ein weiterer Vorteil für die Hilfe und Integration der Flüchtlinge ist. Denn die Praxis zeigt, dass wenn man die Sprache eines Landes spricht, sich tendenziell deutlich schneller und besser in die jeweilige Gesellschaft integriert. Weitere größere Flüchtlingscamps gibt es in den Städten Adana, Yozgat, Kahramanmaras und Mardin.

Bei der Verpflegung der Camp-Bewohner werden die Behörden auch von NGOs unterstützt[45].

Die Verpflegung und die Unterbringung von Flüchtlingen in Camps ist staatlich organisiert. Anders sieht es bei Flüchtlingen aus, die nicht in Camps wohnen. Eine Registrierung und Integration dieser Flüchtlinge gestaltet sich schwierig. Viele der in der Türkei lebenden Syrer befinden sich in Großstädten wie Mersin, Ankara, Izmir oder Istanbul. In nur neun von 81 türkischen Provinzen gibt es keine Flüchtlinge. Allein in Istanbul sollen mehr als 300.000 leben[46]. Gefolgt von Gaziantep mit über 200.000, in Hatay und Sanliurfa leben etwas weniger als 200.000. Diese drei letzten Städte liegen, wie bereits erwähnt, an der Grenze. Dies zeigt die enorme Anzahl syrischer Flüchtlinge in der Grenzregion. Diese hohe Zahl führt immer wieder zu Spannungen zwischen der türkischen Bevölkerung und den syrischen Flüchtlingen. Auch bei der Versorgung der Flüchtlinge gibt es Probleme. So zum Beispiel bei der Gesundheitsversorgung. Obwohl syrische Flüchtlinge in der Türkei kostenlosen Zugang zur Gesundheitsversorgung haben, gibt es zu wenige Krankenhäuser, um der hohen Nachfrage gerecht zu werden.

---

[45]Kanat, Kilic Bugra; Ustun Kadir (2015): Turkey`s Syrian Refugees. Toward Integration. Online verfügbar unter http://file.setav.org/Files/Pdf/20150428153844_turkey%E2%80%99s-syrian-refugees-pdf.pdf, zuletzt geprüft am 20.06.2016, S. 15-23.

[46]Hurriyet (2015): Hangi ilimizde kaç Suriyeli var? Online verfügbar unter http://www.hurriyet.com.tr/hangi-ilimizde-kac-suriyeli-var-29368299, zuletzt geprüft am 20.06.2016.

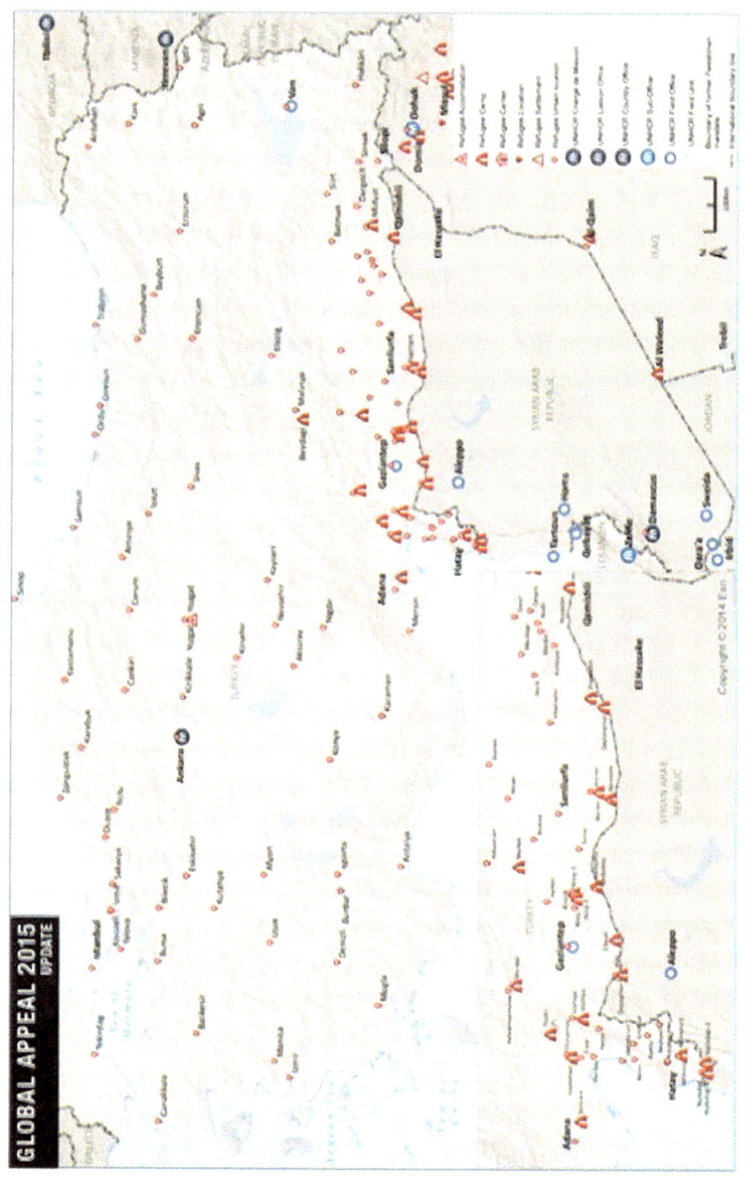

Kanat, Kilic Bugra; Ustun Kadir (2015): Turkey`s Syrian Refugees. Toward Integration.
Online verfügbar unter
http://file.setav.org/Files/Pdf/20150428153844_turkey%E2%80%99s-syrian-refugees-
pdf.pdf, zuletzt geprüft am 20.06.2016, S. 36

4.2. Asyl- und Flüchtlingspolitik der türkischen Regierung

In den vorherigen Abschnitten wurden die Zahlen und Aufenthaltsorte der syrischen Flüchtlinge in der Türkei aufgezeigt. Es wurde erklärt, in welcher Region wie viele Flüchtlinge leben und warum diese Orte gewählt wurden. Die enorme Zahl der Flüchtlinge in der Türkei birgt große Herausforderungen und Probleme für Staat und Gesellschaft. Nicht selten kommt es zu Spannungen in der Bevölkerung. Nationalisten schüren immer wieder Vorurteile gegenüber den syrischen Flüchtlingen. Seitens der Nationalisten wird behauptet, die Heimbevölkerung komme zu kurz. Der Staat lasse den Flüchtlingen zu große Hilfen zukommen[47]. Dieses Vorurteil-Muster gibt es auch in vielen anderen Staaten. Die Muster bleiben gleich, nur die Namen sind verschieden.

Nun soll aufgezeigt werden, was der türkische Staat für die Integration der syrischen Flüchtlinge tut. Es liegt im Interesse der türkischen Regierung, eine Integration der syrischen Flüchtlinge in die türkische Gesellschaft zu gewährleisten, da der Bürgerkrieg in Syrien in absehbarer Zeit wahrscheinlich nicht beendet wird.

Gibt es eine türkische Asylpolitik, wenn ja, wie sieht diese aus? Welche Rechte haben die syrischen Flüchtlinge in der Türkei? Welche Bildungschancen haben sie? Wie ist der Arbeitsmarktzugang geregelt? Wie ist der Zugang zum Gesundheitswesen? Dies sind Fragen, die wir in diesem Abschnitt etwas genauer beleuchten werden.

1951 wurde die Genfer Flüchtlingskonvention verabschiedet, 1954 trat diese in Kraft. In diesem Abkommen sollte der rechtliche Status von Flüchtlingen geregelt werden. Als Flüchtling werden Personen anerkannt, die wegen ihrer Rasse, Religion, Nationalität, Zugehörigkeit einer bestimmten sozialen Gruppe, oder wegen ihrer politischen Überzeugung verfolgt werden. Auch die Türkei unterschrieb die Genfer Flüchtlingskonvention. Die Türkei behielt sich aber vor, die Genfer Flüchtlingskonvention nur für Flüchtlinge aus dem europäischen Raum gelten zu lassen.

Erste Personen, die in die Türkei flohen, waren vor allem Türkischstämmige aus dem ehemaligen Jugoslawien, Albanien, Mazedonien. Hierbei wurden Personen, die eine türkische Abstammung hatten, vom türkischen Staat bevorzugt und er-

---

[47]Karsigazete (2014): Suriyelilere 1.133 Tl maaş. Online verfügbar unter http://www.karsigazete.com.tr/ekonomi/suriyelilere-1133-tl-maas-h15728.html, zuletzt geprüft am 20.06.2016.

hielten eine Einreiseerlaubnis. Auch im Bosnienkrieg und der Assimilationspolitik in Bulgarien floh eine große Zahl an Personen in die Türkei. Im ersten Golfkrieg flohen hunderttausende Kurden aus dem Irak. Einige versuchten, in die Türkei einzureisen, wurden aber von der damaligen Regierung aus Gründen der „Inneren Sicherheit" nicht aufgenommen. Doch der Ansturm von Flüchtlingen aus kurdischen Gebieten ließ nicht nach, und die türkische Regierung ließ 1,5 Millionen Menschen einreisen. Diese wurden auf drei Camps verteilt, in denen die Lebensverhältnisse katastrophal waren. Bis zum Jahr 1994 gab es in der Türkei keine Regelung für Fluchtbewegungen aus dem nicht-europäischen Ausland. Dies änderte sich aber mit den Beitrittsverhandlung mit der Europäischen Union. Es wurden Regelungen eingeführt, die die Einreise von Flüchtlingen aus anderen Staaten klären sollten.

Zusammengefasst kann man sagen, dass es immer noch keine einheitliche türkische Asyl-Flüchtlingspolitik gibt[48].

Die türkische Regierung behält sich weiterhin vor, aus Gründen wie der „Inneren Sicherheit" Fluchtbewegungen zu unterbinden. Doch wurden seit den Beitrittsverhandlungen mit der Europäischen Union einige Fortschritte erzielt. Der rechtliche Status der syrischen Flüchtlinge war einige Jahre nicht klar definiert. Ende 2014 wurde der rechtliche Rahmen konkreter. Auch die Bezeichnung der syrischen Flüchtlinge wurde geändert. Die syrischen Flüchtlinge hatten nun einen „geçici koruma statüsü", was so viel bedeutet wie „Vorübergehender Schutzstatus". In der Politik werden die syrischen Flüchtlinge auch oft als „misafirlerimiz" bezeichnet, was als „Gäste" übersetzt wird[49]. Auch wenn die Politik sich mit dem rechtlichen Status schwer tut, wird eine Sache klarer.

Die Türkei, die Jahrzehnte lang ein Auswanderungsland war, entwickelt sich auch langsam zu einem Einwanderungsland. Für viele Menschen war die Türkei jahrelang ein Transitland, doch das ändert sich langsam. Aus diesem Grund musste der türkische Staat Änderungen in der Gesetzgebung vornehmen. Auf Druck von NGOs wurden Gesetze verabschiedet, die den syrischen Flüchtlingen

---

[48]Ataman, Senar (2011): Türkiye'nin İltica Politikası. Online verfügbar unter http://www.multeci.net/index.php?option=com_content&view=article&id=60:turkiyenin-iltica-politikasi&catid=36:turkiyenin-iltica-sistemi&Itemid=16&lang=tr, zuletzt geprüft am 20.06.2016.

[49]Kap, Derya: Suriyeli Mülteciler: Türkiye'nin Müstakbel Vatandaşları. Online verfügbar unter http://www.ikv.org.tr/images/files/Akademik-Perspektif-Aralik-2014_30-35%281%29.pdf, zuletzt geprüft am 20.06.2016.

mehrere Rechte gaben. In den nachfolgenden Seiten wollen wir einige Rechte aufzeigen, die Flüchtlinge in der Türkei besitzen.

Wenn man als Flüchtling in die Türkei kommt, wird man vom „Göç İdaresi Genel Müdürlügü" („Flucht-Direktion") und von der Gouverneursverwaltung in die Bezirke der Türkei verteilt. Als Flüchtling hat man nicht die Möglichkeit, seinen Aufenthaltsort auszusuchen. Nachdem man in der jeweiligen Stadt angekommen ist, muss man zum „Il Emniyet Müdürlügü" („Provinz-Polizeiverwaltung"). Hier gibt es für Flüchtlinge ein separates Büro.

Nach der Eintragung bekommt man ohne zusätzliche Kosten einen „Uluslararası Koruma Başvuru Kayıt Belgesi"(„Internationale Schutzausweiszulassung"). Mit diesem Dokument kann man sich in der jeweiligen Provinz aufhalten und seinen Rechten nachkommen.

Nach dieser Prozedur muss man einen weiteren Termin vereinbaren. Erst nach diesem Verfahren bekommt man seinen „Yabancı Kimlik Numarasını" („Ausländerausweisnummer"). Der Vorgang zeigt, wie bürokratisch das türkische System in diesem Bereich noch ist. Viele Flüchtlinge machen sich nicht die Mühe, dieses Prozedere durchzuführen[50] oder kennen schlichtweg das Verfahren nicht. Deswegen leben viele Flüchtlinge illegal in der Türkei. Geht man von den folgenden lebensnotwendigen Durchschnittswerten aus: 250-350 TL (Miete), 100-150 TL (Strom, Wasser, Heizung), 300-400 TL (Lebensmittel) kommt man ungefähr auf einen Betrag zwischen 650-900 TL. Dies sind etwas weniger als 200 Euro. Hierbei handelt es sich nur um einen Durchschnittswert, die Kosten in Großstädten werden um einiges höher sein. Dies zeigt, dass die Flüchtlinge einen schweren Start in der Türkei haben. Nachfolgend sollen einige Rechte aufgezeigt werden, die Flüchtlinge in der Türkei genießen.

4.2.1. Beschäftigung

Flüchtlinge die in der Türkei leben, dürfen arbeiten. Das Ausweisdokument für Flüchtlinge gilt auch als Arbeitserlaubnis. Aber um dieses Ausweisdokument zu bekommen, braucht es ein langes Verfahren, wie oben schon aufgezeigt wurde. So kann der Flüchtling erst nach sechs Monaten eine Arbeitserlaubnis anmelden, nachdem er das Ausweisdokument bekommen hat. Deswegen arbeiten viele Flüchtlinge illegal.

---

[50]SIĞINMACILAR VE GÖÇMENLERLE DAYANIŞMA DERNEĞİ: Türkiye'de Mülteci Olmak. Online verfügbar unter http://www.refugeeinturkey.org/Turkiyede-Multeci-Olmak-i5, zuletzt geprüft am 20.06.2016.

Dies birgt aber auch Probleme für den Arbeitgeber und Arbeitnehmer. Der Arbeitgeber muss, sollte er illegal Personen beschäftigen, mit hohen Geldstrafen rechnen. Der Arbeitnehmer wiederum ist nicht versichert und ist somit nicht abgesichert, sollte etwas bei der Arbeit passieren. Auch die Behörden könnten in diesem Fall nicht helfen. Im Gegenteil - auch dem Flüchtling kann man eine Geldstrafe verhängen. Daneben bietet der Staat noch Kurse an, in denen die Flüchtlinge Handwerk lernen können[51]. Flüchtlinge, die in ihrem Heimatland Berufe mit starker Nachfrage ausgeübt haben, unterlaufen einem anderem Prozedere. Hier ist das Gesetz wie überall auf der Welt etwas liberaler und die Flüchtlinge haben einen leichteren Arbeitszugang als andere.

4.2.2. Gesundheitswesen

Alle Flüchtlinge in der Türkei genießen Krankenversicherungsschutz. Sie fallen unter die allgemeine Krankenversicherung. Sollte es Fälle geben, bei denen die Flüchtlinge ihre Anteile nicht zahlen können, so können diese Kosten von Seiten der türkischen Behörden übernommen werden. Auch der ambulante Service ist für Flüchtlinge kostenlos. Ausgeschlossen sind Besuche bei Universitätskliniken oder privaten Kliniken. Hier müssen die Flüchtlinge wie alle anderen Personen Gebühren bezahlen[52]. Bei Notfällen werden die Kosten aber auch hier übernommen, wie z.B. bei einem Autounfall oder einer Naturkatastrophe.

4.2.3. Bildung

In der Türkei herrscht Schulpflicht für Kinder zwischen 6-13 Jahren. Hier wird kein Unterschied bei dem Aufenthaltsstatus gemacht.

Kosten wie Schulkleidung und Schulmaterial werden aber nicht übernommen[53].

Für Flüchtlingskinder gibt es je Schuljahr staatliche Hilfe. Man hat auch das Recht, an weiterführenden Schulen oder Universitäten zu lernen. Hierbei gibt es auch Angleichungen von internationalen Abschlüssen.

---

[51]SIĞINMACILAR VE GÖÇMENLERLE DAYANIŞMA DERNEĞİ: Calisma Hakki. Online verfügbar unter http://www.refugeeinturkey.org/Calisma-Hakki-i17, zuletzt geprüft am 20.06.2016

[52]SIĞINMACILAR VE GÖÇMENLERLE DAYANIŞMA DERNEĞİ: Saglik Hakki. Online verfügbar unter http://www.refugeeinturkey.org/Saglik-Hakki-i15 , zuletzt geprüft am 20.06.2016

[53]SIĞINMACILAR VE GÖÇMENLERLE DAYANIŞMA DERNEĞİ: Egitim Hakki. Online verfügbar unter http://www.refugeeinturkey.org/Egitim-Hakki-i16 , zuletzt geprüft am 20.06.2016

4.2.4. Wohnsitz

Flüchtlinge, die in die Türkei kommen, können ihren Wohnsitz nicht frei aussuchen. Das türkische Innenministerium entscheidet, in welcher Provinz wie viele Flüchtlinge aufgenommen werden. Sollten aber Flüchtlinge Verwandte in auf- oder absteigender Form in der Türkei haben, also Vater, Großvater, Sohn oder Enkel, können diese ihre Verwandten bei sich aufnehmen. Eine Ausnahme gibt es auch bei gesundheitlichen Problemen, auch hier kann der Flüchtling seine Provinz aussuchen, um besser behandelt zu werden.

In der Türkei angekommen, bekommt ein Flüchtling ein Ausweisdokument, das für ihn kostenlos ist. Dieses Papier dient auch gleichzeitig als Aufenthaltstitel. Der Ausweis ist in der Regel für sechs Monate gültig und muss danach wieder verlängert werden. Des Weiteren werden Flüchtlinge vom türkischen Staat dazu verpflichtet, sich bei der Ausländerbehörde zu melden. Sollten sie sich nach dreimaliger Aufforderung nicht zurückgemeldet haben, kann der türkische Staat ihren Antrag zurückziehen und rechtliche Schritte einleiten[54].

4.2.5. Sonstiges

Die türkische Regierung bietet Flüchtlingen die Möglichkeit, sich bei Bedürftigkeit für staatliche Hilfen zu bewerben. Der Antrag auf Sozialhilfe muss dem türkischen Finanzministerium vorgelegt werden und nach sorgfältiger Prüfung kann das Ministerium der bedürftigen Person mit Geldern helfen. Die Bedürftigkeit betrifft vor allem unbegleitete Kinder, alleinerziehende Frauen und Menschen mit einer Behinderung. Bei der Eheschließung und -scheidung gelten türkische Regelungen. Personen, die in der Türkei Flüchtlingsstatus besitzen, haben nicht die Möglichkeit, die türkische Staatsangehörigkeit anzunehmen[55]. Der Antrag auf eine Annahme der türkischen Staatsangehörigkeit wird abgelehnt und dem Bewerber schriftlich mitgeteilt.

4.2.6. Bilanz

Das türkische Recht bietet den Flüchtlingen zwar Chancen und Rechte, doch gibt es auch einige Kritikpunkte. So sind viele Ansprüche mit großen bürokratischen Regelungen verbunden. Die meisten Flüchtlinge kennen diese nicht und

---

[54]SIĞINMACILAR VE GÖÇMENLERLE DAYANIŞMA DERNEĞİ: Ikamet. Online verfügbar unter http://www.refugeeinturkey.org/ikamet-i20 , zuletzt geprüft am 20.06.2016

[55]SIĞINMACILAR VE GÖÇMENLERLE DAYANIŞMA DERNEĞİ: Türk Vatandasligi. Online verfügbar unter http://www.refugeeinturkey.org/Turk-Vatandasligi-i30 , zuletzt geprüft am 20.06.2016

so kann ein Großteil diese nicht in Anspruch nehmen. Auch gibt es eine Sprachbarriere, da ein Großteil der Flüchtlinge kein Türkisch spricht. Die Regelungen bei der Arbeit und dem Wohnsitz bringen für die Flüchtlinge Hindernisse mit sich. Da in vielen Fällen nicht die Möglichkeit besteht, sich einen Wohnort auszusuchen, ist man auf den regionalen Arbeitsmarkt angewiesen. Außerdem gibt es Probleme bei der Beschaffung von Dokumenten.

Nichtsdestotrotz ist die türkische Asyl- und Flüchtlingspolitik im internationalen Vergleich durchaus vorbildhaft. Denn die Unterbringung und Verpflegung von mehreren Millionen Flüchtlingen erfordert ein hohes Maß an logistischer und finanzieller Mittel. Und hier ist die Türkei ein Vorreiter auf dem internationalen Parkett. Dennoch muss die türkische Regierung weitere Schritte unternehmen, um die Rechte der Flüchtlinge zu verbessern. Ein erster Schritt auf diesem Weg wäre die Anerkennung von außereuropäischen Flüchtlingen nach den Richtlinien der Genfer Flüchtlingskonvention.

4.3. Arbeit von NGOs

Der Bürgerkrieg in Syrien und die große Anzahl an Flüchtlingen sind eine große Herausforderung für die Staaten in der Region. Auch andere Staaten sind von den Ereignissen betroffen. Dies erfordert humanitäre Hilfe und große Ressourcen. Wie bei jeder Katastrophe ist auch die türkische Regierung auf die Hilfe von Nichtregierungsorganisationen angewiesen. Diese unterstützen den türkischen Staat bei der Versorgung der syrischen Flüchtlinge. In Istanbul gibt es auch eine große Anzahl an Nichtregierungsorganisationen, die syrischen Flüchtlingen in ihrem Alltagsleben helfen. Neben den großen Nichtregierungsorganisationen wie den Vereinten Nationen gibt es auch kleine lokale Vereinigungen, die sich der Flüchtlinge annehmen, und sie in ihrem Leben unterstützen. In diesem Abschnitt der Master-Thesis wollen wir uns die Arbeit von Nichtregierungsorganisationen in Istanbul anschauen. Wie sieht ihre Hilfe gegenüber den syrischen Flüchtlingen aus? Hierbei werden wir uns mit Nichtregierungsorganisationen beschäftigen, mit denen direkter Kontakt besteht.

Denn auf Anfrage waren viele Nichtregierungsorganisationen zu einer Zusammenarbeit nicht bereit oder hatten sich nicht zurückgemeldet. Neben Hilfen wie Sprachkursen, Lebensmittel- und Kleidungshilfen haben einige Nichtregierungsorganisationen auch andere Tätigkeitsfelder. So hat z.B. die Istanbuler NGO Mazlumder[56] im Jahr 2013 ein internes Forschungsprojekt erarbeitet. Die-

---

[56]Verein für Menschenrechte und Solidarität mit den Unterdrückten

ses Projekt sollte die Lebenssituation syrischer Flüchtlinge in Istanbul näher untersuchen. Einige NGOs bieten auch andere Hilfen an. So z.B. die HRDF[57]. Die HRDF bietet beispielsweise Malkurse und Erste-Hilfe-Kurse für syrische Flüchtlinge an. Eines der wichtigsten Angebote der HRDF ist die seelische Unterstützung von syrischen Männern und Frauen, die traumatische Erlebnisse durch den Krieg erleben mussten. Das Angebot des HRDF in diesem Gebiet spielt eine wichtige Rolle. Denn durch Beratung und Hilfe können diese traumatisierten Menschen wieder in die Gesellschaft integriert werden. Allein vom 1. Januar bis zum 15. November konnte der HDRF über 17.000 Beratungen durchführen. Bei den syrischen Flüchtlingen handelte es sich größtenteils um Männer mit etwa 75%, lediglich 25% waren Frauen. Beim Alter war die Gruppe zwischen 25-34 am meisten vertreten. Anschließend folgte die Altersgruppe zwischen 35-44. Der Monat mit den meisten Beratungen war der Oktober mit über 2258. Bei diesen Beratungen handelte es sich meistens um soziale Fragen. Aber auch die psychologische Arbeit mit Kindern und Erwachsenen nahm eine relevante Stellung beim Angebot der HRDF ein. Des Weiteren bietet die HRDF Workshops an. Der Meistbesuchte ist der Malkurs für Kinder. Dies ist wichtig, da vor allem kleine Kinder von Kriegsgeschehnissen stark traumatisiert werden. Durch Workshops wie diesem und der engen Zusammenarbeit mit den Sozialarbeitern können diese seelischen Verletzungen nach und nach abgebaut werden.

Für das Jahr 2016 hat die HRDF weitere Projekte mit den syrischen Flüchtlingen in Planung. Darunter der Weltflüchtlingstag sowie eine Fußballmannschaft, die aus syrischen Flüchtlingen bestehen soll. Des Weiteren sollen Computerkurse für Jung und Alt angeboten werden. Auch ist ein Hip-Hop- und Breakdance-Seminar für Jugendliche geplant.

Eine der größten Organisationen ist die IHH („İnsan Hak ve Hürriyetleri ve İnsani Yardım Vakfı")[58]. Im Interview mit einem Mitarbeiter von IHH konnten wir einen tieferen Einblick in die Arbeit dieser NGO nehmen. Herr Ferhat arbeitet bei der IHH und ist ein Verantwortlicher im asiatischen Teil von Istanbul für Flüchtlinge. Wegen bürokratischen Hürden wurde eine weitere NGO gegründet. Diese kleine Plattform vereinigt einige NGOs. Zu ihren Hilfen gehören die Beschaffung von weißer Ware (Kühlschrank, Geschirrspülmaschine, etc.), auch werden Kleidung und Nahrungsmittel für die geflüchteten Menschen gesammelt. Mit den Gegenständen werden Mietwohnungen komplett eingerichtet, um

---

[57]Human Resource Development Foundation

[58]Stiftung für Menschenrechte, Freiheiten und Humanitäre Hilfe

den syrischen Flüchtlingen ein normales Leben gewährleisten zu können. Außerdem werden zum Opferfest Tiere geschlachtet und an die bedürftigen Flüchtlinge verteilt. Zum Ramadan werden Essenspakete an die Menschen verteilt. Von den Familien, die bedürftig sind, ist der Großteil Syrer.

Nach Ferhat ist die Bereitschaft der Bevölkerung immer noch sehr hoch. Dieser Eifer wäre vor allem bei bestimmten Bevölkerungsschichten groß. Natürlich gäbe es in bestimmten Teilen der Gesellschaft Vorurteile gegenüber den Flüchtlingen, doch dies halte sich in Grenzen. Auch die Arbeit des türkischen Staates wird von Ferhat hervorgehoben und gelobt. Lediglich das Arbeitspotenzial der syrischen Flüchtlinge werde durch den türkischen Staat nicht genutzt.

So arbeite beispielsweise ein Arzt oder ein Ingenieur bei einem Supermarkt an der Kasse. Die Tätigkeiten von NGOs bei der Flüchtlingsfrage in der Türkei sind von großer Bedeutung. Denn die hohe Zahl der Flüchtlinge ist eine enorme Belastungsprobe für den türkischen Staat. Nichtregierungsorganisationen können diesem unter die Arme greifen. Auch dienen die NGOs als Brücke zwischen den Flüchtlingen und der Bevölkerung.

4.4. Lebenssituation syrischer Flüchtlinge in Istanbul

Über die Lebenssituation syrischer Flüchtlinge in Istanbul gibt es im deutschsprachigen Raum keinerlei wissenschaftliche Arbeiten. Auch auf Türkisch oder Englisch findet man keine groß angelegten wissenschaftlichen Untersuchungen. Die Arbeiten über dieses Thema sind vor allem Berichte von Nichtregierungsorganisationen. In diesen werden insbesondere die Probleme der Flüchtlinge dargestellt. Meist untersuchen die NGOs einen kleinen Teil ihrer Tätigkeitsgebiete. Die große Anzahl und die weite Zerstreuung in Istanbul bergen bei der Untersuchung große Herausforderungen. Dies trifft ebenfalls auf diese Untersuchung zu. Um einen vertiefenden Einblick in die Geschehnisse zu erhalten, braucht es eine lange und ausdauernde Untersuchung. In diesem Kapitel wird auch nur ein kleiner Teil der Forschung wiedergegeben. So werden einige Punkte nur oberflächlich behandelt, um einen detaillierten Einblick in die Lebenssituation der syrischen Flüchtlinge zu ermöglichen. Um aber einen tieferen Eindruck in die Verflechtungen und Lebenssituation zu erhalten, erfordert es eine tiefgreifende und großangelegte Forschungsarbeit.

Dies würde aber den Rahmen dieser Arbeit um ein Vielfaches sprengen.

Die Flüchtlinge aus Syrien sind in Istanbul weit verstreut. Doch kann man sagen, dass sie vor allem im europäischen Teil im Bezirk Fatih leben. Gefolgt von den Bezirken Bahcelievler, Basaksehir und Gaziosmanpasa. Im asiatischen Teil Istanbuls gibt es eine große Konzentration in Ümraniye. Viele dieser Flüchtlinge, die nicht in Camps geblieben sind, sondern ihren Weg nach Istanbul genommen haben, leben in großer Armut. Ein kleiner Teil ist sehr wohlhabend, doch ist diese Zahl im Gegensatz zu den Mittellosen verschwindend gering. Bei einem Großteil handelt es sich um Familien mit vielen Kindern. Meist sind die Männer verstorben oder kämpfen in Syrien. Die Familien, die nicht die nötigen Mittel haben, um in luxuriösen Vierteln oder Wohnungen zu leben, mieten meistens heruntergekommene Wohnungen mit erheblichen Mängeln. Sie bestehen in der Regel aus wenigen, kleinen Zimmern. Bei einer Großfamilie schlafen mehrere Personen in einem Zimmer. Ebenfalls gibt es in vielen Zimmern erhebliche bauliche Mängel. Einige Wohnungen sind kalt und schimmlig. Viele sind alte Lagerhallen, die an die syrischen Flüchtlinge vermietet werden. So haben diese weder eine Registrierung, noch eine Zimmernummer. Dies ist einer der Gründe, warum es so schwer ist, den syrischen Flüchtlingen behördlich zu helfen. Von vielen Flüchtlingen wissen die Behörden schlichtweg nicht, wo sie wohnen. Allein die Nachbarn oder Hilfsorganisationen in der Region können eine Hilfe gewährleisten. Ein weiteres Problem der syrischen Flüchtlinge sind die hohen Mietkosten in Istanbul. Sie versuchen, durch illegale Arbeiten diese Kosten zu decken. Kinder verkaufen auf der Straße und auf dem Basar Wasser, Frauen mit Kleinkindern betteln in Parks.

Die Jugendlichen oder Erwachsenen, die nicht in Syrien sind, versuchen, durch andere Arbeiten ihre Familie zu unterstützen. Das Zahlen der monatlichen Miete ist jedes Mal ein mühevoller Kampf. Neben diesen Familien, die sich eine Unterkunft durch große Anstrengung leisten können, gibt es noch Ärmere. Meist sind dies Witwen mit mehreren kleinen Kindern. Diese Frauen sind auf Hilfe von außen angewiesen. Man sieht in Istanbul des Öfteren Frauen mit Kleinkindern, die in Parks oder Stadtgärten schlafen.

Die Stadtverwaltung Istanbuls versucht aber diese Familien ausfindig zu machen und sie in Camps unterzubringen. Dies ist wichtig, denn eine medizinische Versorgung dieser Menschen ist aufwendig. Einige brauchen tägliche Medizin, haben hochansteckende Krankheiten oder müssen untersucht werden[59]. Obwohl syrische Flüchtlinge vollen Zugang zum türkischen Gesundheitssektor haben,

---

[59]Yilmaz, Halim (2013): TÜRKİYE'DE SURİYELİ MÜLTECİLER. Hg. v. Mazlumder. Online verfügbar unter http://istanbul.mazlumder.org/webimage/suriyeli_multeciler_raporu_2013.pdf, zuletzt geprüft am 20.06.2016, S. 11-15.

schlagen einige Ärzte und Krankenhäuser Kapital aus der Notlage der Flüchtlinge. Die Sprachbarriere und die mangelnde Kenntnis über ihre Rechte führen dazu, dass einige Ärzte immer wieder für Eingriffe Geld verlangen. Dies ist aber nach türkischem Recht streng verboten.

Im Bereich der Lebensmittelversorgung und Bekleidung gibt es ein großes Netzwerk von Helfern. Vor allem Nachbarn und NGOs sind in diesem Bereich sehr aktiv. Nahrung und Bekleidung sind in der Türkei im Verhältnis zu anderen Gütern relativ günstig, sodass eine Versorgung der Flüchtlinge gegenüber anderen Bereichen verhältnismäßig gut ist. Großen Bedarf gibt es im Bereich der Hygieneartikel. Diese werden vor allem bei Frauen mit kleinen Kindern nachgefragt. Artikel mit hoher Nachfrage sind vor allem Windeln und Binden.

Davon sind meist die Frauen betroffen, die mit ihren kleinen Kindern auf der Straße oder in Parks leben und nicht bei ihren Verwandten oder in einer Wohnung untergekommen sind. Nachgefragt ist auch weiße Ware wie Kühlschränke, Geschirrspülmaschinen, Waschmaschinen, etc. Auch hier erhalten die Flüchtlinge Hilfe von NGOs oder hilfsbereiten Mitbürgern. Diese sammeln oder verschenken ihre alten Geräte an die hilfsbedürftigen syrischen Flüchtlinge.

Im Bereich der medizinischen Versorgung gibt es große Bemühungen seitens des Staates. Da es viele kleine Kinder gibt, die auf der Straße leben und mit ansteckenden Krankheiten infiziert sind, ist es im Interesse des türkischen Staates, diese ausfindig zu machen und Gegenmaßnahmen einzuleiten. Denn sollten diese Krankheiten nicht behandelt und geheilt werden, könnten sich noch mehr Leute anstecken. Nicht nur im Bereich der medizinischen Versorgung ist der Schutz von Frauen und Kindern wichtig, auch im Bereich der persönlichen Sicherheit. Es gibt Berichte darüber, dass Menschenhändler die schwache Lage von Frauen und Kindern ausnutzen. Frauen werden in die Prostitution gezwungen, kleine Kinder fallen in die Hände von Menschenhändlern und werden gezwungen, zu stehlen oder auf der Straße zu betteln.

Auch sexuelle Belästigung ist vor allem in Camps ein großes Problem[60]. Ebenfalls sind Frauen und junge Mädchen, die in Parks oder auf der Straße leben, stark betroffen. Sowohl der Staat als auch einige NGOs versuchen, mit ihrer Arbeit dieses Problem in den Griff zu bekommen, indem sie Anlaufstellen und Unterkünfte wie Frauenhäuser anbieten.

---

[60]International Rescue Committee (2014): Dinliyor Muyuz? Online verfügbar unter http://www.rescue.org/sites/default/files/resource-file/IRC_AreWeListening_Turkish.pdf, zuletzt geprüft am 20.06.2016, S. 7-15.

Im Bereich der Bildung gibt es in Istanbul große Fortschritte. So gibt es eine Handvoll von Schulen, die in der Grundschule sogar ihren Unterricht in Arabisch abhalten. So lernen die Kinder lesen und schreiben und nebenbei auch Türkisch. Das ist wichtig, denn um sich in die türkische Gesellschaft zu integrieren, sollte man die Sprache sprechen können. An den Schulen, an denen auf Arabisch unterrichtet wird, arbeiten vor allem syrische Lehrer. Durch ihre Arbeit an der Schule können sie mit ihrem Verdienst ihrer Familie unter die Arme greifen. Daneben werden auch seitens von Vereinen Unterrichte angeboten. Die Betreuer der Kinder arbeiten hier aber ehrenamtlich[61]. Hier können die Betreuer mit ihren türkischen Kollegen interagieren, Türkisch lernen und neue Kontakte knüpfen.

Doch abgesehen von all diesen Punkten ist die Beschäftigung der syrischen Flüchtlinge das größte Problem, sagt Herr Ferhat von einer NGO, die sich vor allem die Betreuung von Flüchtlingen zur Aufgabe gemacht hat. So komme es schon mal vor, dass ein syrischer Flüchtling, der in seinem Heimatland als Pilot, Ingenieur oder Anwalt gearbeitet hat, hier in Istanbul bei einem Obst- oder Gemüsehändler Kisten schleppt oder an der Kasse steht. Eine Beschäftigung von Hochqualifizierten birgt großes Potenzial für die türkische Wirtschaft. Obwohl die türkische Regierung in diesem Gebiet vieles tut, reichen die Bemühungen leider nicht aus. Europäische Staaten sind bei der Anwerbung und Beschäftigung dieser hochqualifizierten Flüchtlinge erfolgreicher. Dass die Migration dieser hochqualifizierten Arbeiter gewünscht und gefördert wird, ist kein Geheimnis.

Auch über die Lebenssituation syrischer Flüchtlinge kann Ferhat einiges berichten. Wie in den vorherigen Kapiteln erwähnt, gibt es reiche und arme Flüchtlinge in Istanbul. Es gibt Flüchtlinge, die in großen Villen leben, und daneben gibt es Familien, die zusammen in einem Zimmer hausen, schlafen und kochen. Die Familien, die in Armut leben, müssen große Abstriche bei ihrer Unterkunft machen. Einige Wohnungen haben keine Fenster, die Wände sind verschimmelt oder porös. Bei einigen sind die Räume nicht verputzt oder isoliert. Warmes Wasser, Elektrizität oder eine Heizung sind keine Selbstverständlichkeit.

---

[61]ACAR, Ceyda; MÜCAZ, Meltem; SANDIKLI, Büşra, TORUN, Perihan; ÜLGER, Zekiye: İSTANBUL'DA YAŞAYAN GEÇİCİ KORUMA ALTINDAKİ SURİYELİLER. Hg. v. Bezmialem Vakıf Üniversitesi Tıp Fakültesi. Online verfügbar unter http://halksagligi.bezmialem.edu.tr/dosyalar/siginmaci-raporu.pdf, zuletzt geprüft am 20.06.2016, S. 10-16.

Auch eine hygienische Umgebung ist nicht selbstverständlich, diese ist vor allem bei kleinen Kindern oder Säuglingen unabdingbar. Dazu kommen die hohen Mietkosten in Istanbul, die in den letzten Jahren noch einmal stark angestiegen sind. Viele syrische Flüchtlinge haben nicht die Möglichkeit, ihre Mieten jeden Monat rechtzeitig zu bezahlen. Einige geraten in Verzug, deswegen kommt es immer wieder zu Spannungen mit den Vermietern. Die Versorgung der Flüchtlinge in Istanbul ist eine Mammutaufgabe, denn sie wohnen sehr verstreut, viele sind nicht registriert oder lassen sich nicht registrieren. Die meisten NGOs sind auf die Hilfe von Spenden der Bevölkerung angewiesen. Hier leistet die türkische Gesellschaft einen sehr großen und vorbildlichen Beitrag, sagt Herr Ferhat. Die Gastfreundschaft sei eine große Tugend der türkischen Gesellschaft. Die Hilfsbereitschaft gegenüber den syrischen Flüchtlingen sei auch nach Jahren immer noch sehr hoch.

Viele würden sprichwörtlich ihr Brot mit den syrischen Flüchtlingen teilen. Vor allem bei der Betreuung von Frauen und Kindern sei die türkische Gesellschaft sehr aufopfernd. Die Menschen würden auf die Flüchtlinge zugehen, das Gespräch suchen und ihre Hilfe anbieten. Syrische Flüchtlinge, die neu in ein Viertel kommen, würden von den Menschen vor Ort mit offenen Armen aufgenommen. Hierbei spielen Tugenden wie Empathie, Hilfsbereitschaft und Nächstenliebe eine große Rolle, diese seien in der türkischen Gesellschaft immer noch stark vorhanden.

4.5. Individuelle Beispiele von Flüchtlingen

Niemand kann die Lebenssituation syrischer Flüchtlinge in Istanbul besser beschreiben als die Flüchtlinge selbst. Berichte in Zeitungen oder Beobachtungen können ein persönliches Gespräch nicht ersetzen. Eine Regierung kann ihre Arbeit in den Himmel loben, doch sollte die Zufriedenheit und Akzeptanz auch bei den Flüchtlingen selbst vorhanden sein. In diesem Kapitel wollen wir vier individuelle Schicksale, vier Lebenssituationen in Istanbul vorstellen. Bei den Interviewpartnern handelt es sich ausschließlich um junge Erwachsene, die in Istanbul leben.

4.5.1. Kerim

Kerim ist ein junger syrischer Flüchtling, der in Istanbul bei einer Firma arbeitet. Er kommt aus der Stadt Idlib und ist 20 Jahre alt.

Sein Türkisch und Englisch sind nicht sehr stark ausgeprägt. Bei meiner Bitte, etwas über sich zu erzählen, stockt er. Ich merke, dass es etwas emotional für ihn wird. Bereits vor dem Beginn des Interviews merke ich, dass es Ängste auf Seiten von Kerim gibt. Ich versuche durch ein Lächeln, Sympathie aufzubauen. Er fragt mich immer wieder, ob ich für den deutschen Staat arbeite und den syrischen Flüchtlingen helfen wolle. Auch fragt er mich, ob das Interview veröffentlicht werde oder nicht. Erst nachdem ich ihm sage, dass nur meine Prüfer und ich das Interview lesen werden und es anonym ist, stimmt er zu. Wir lächeln uns an und ich beginne mit den Fragen. Schon nach der ersten Frage merke ich, dass es ihm schwer fällt, die richtigen Wörter zu finden. Ich versuche, Empathie aufzubauen, natürlich verstehe ich, dass es für ihn nicht leicht ist, die passenden Wörter zu finden. Auf die Frage, was die Gründe für seine Flucht waren, antwortet er, dass es keinen Frieden in Syrien gibt. Er gibt dem Iran, Assad und Russland die Schuld für das Blutvergießen in seinem Land.

Kerim studierte Agrarwissenschaften in Idlib, bevor er in die Türkei floh. Der Übergang in die Türkei war für ihn sehr schwer, vor allem an der Grenze gab es Probleme. Soldaten forderten ihn auf, wieder nach Syrien zu gehen. Wie viele syrische Flüchtlinge kam er am Grenzübergang von Hatay in die Türkei. Die ersten Reaktionen der Menschen waren nach seiner Aussage nicht sehr freundlich. Nach Hatay kam er mit einem Bus nach Istanbul, weil er gehört hatte, dass es dort mehr Arbeit gäbe.

Anfangs arbeitete er bei einem Obsthändler, später wechselte er zu seinem jetzigen Arbeitgeber, einer Kunststofffabrik. Auf die Frage, ob er die Türkei möge, antwortet er „Syria is better".

Viele der jungen Syrer hätten keine andere Wahl als zu flüchten, denn es gäbe in Syrien kaum noch Arbeit, Geld oder Wohnunterkünfte. Sein Leben in Istanbul beschreibt Kerim als bescheiden.

Durch einen Bekannten konnte ich mit ihm ein Interview führen. Kerim und 15 andere syrische Flüchtlinge leben und arbeiten in der Fabrik. In einem kleinen Verschlag haben sie ihre Unterkunft. Auf den Türen stehen einige arabische Begriffe. „**Free Syria**" und „**Victory**" rufen sie immer wieder. Auf die Fragestellung, ob es Probleme gäbe, antwortet er, dass die Behörden immer wieder Probleme machten. Auf der Straße würden sie oft befragt, wo ihre Ausweispapiere sind. Kerim ist als Einziger seiner Familie in die Türkei gekommen. Seine Eltern leben in Idlib und möchten ihre Heimat auch nicht verlassen. Kerim habe keine andere Wahl, er arbeite um seine Familie in Syrien zu unterstützen. Er schicke das Geld, das er in der Türkei verdient, nach Syrien, um seiner Familie ein halbwegs menschenwürdiges Leben zu gewährleisten.

Die Frage, ob er gerne in der Türkei bleiben möchte, verneint er vehement. Er sagt, dass er nach dem Krieg auf jeden Fall nach Syrien zurückgehen werde. „Syria Jannah" sagt er, was bedeutet „Syrien ist ein Paradies". Wir beide sagen „Insallah" - „so Gott will". Gerne würde ich das Interview länger führen, doch es ist schon spät geworden und Kerim scheint müde zu sein, was bei einem 12-Stunden-Arbeitstag nicht verwunderlich ist. Bei meiner letzten Frage, ob er etwas über Assad sagen möchte, verstummt er plötzlich. „Es ist schwer", sagt er. Er unterstütze natürlich die Opposition.

Ich merke, dass er Angst hat, darüber zu sprechen. Ich verstehe auch warum und hake nicht mehr nach. Der syrische Geheimdienst ist weltweit für seine Grausamkeit berüchtigt.

Kritik an Assad kann schnell mit dem Tod enden. Da der Geheimdienst in Syrien immer noch stark ist und seine Familie dort lebt, hat Kerim trotz der Anonymität des Interviews schlichtweg Sorge um seine Familie.

4.5.2. Amir

Amir ist ein Arbeitskollege von Kerim, der genau wie er in der Kunststofffabrik arbeitet. Er kommt aus der syrischen Stadt Idlib und ist 19 Jahre alt. Er spricht etwas besser Türkisch als Kerim, doch versteht und spricht er kein Englisch. Auf meine erste Frage, wie er in die Türkei kam, antwortet er, dass er illegal eingewandert sei. Von Idlib kam er zuerst nach Hatay, einer Provinz die an Syrien grenzt. Als Hatay noch zu Syrien gehörte, war der Name dieser Provinz Antakya. Diese Bezeichnung benutzt Amir. Den Weg von Idlib nach Hatay beschreibt Amir als sehr schwer. Auf meine Geste, er solle über diesen beschwerlichen Weg mehr sagen, lächelt er bloß. Anscheinend fällt es ihm schwer, darüber zu reden, ich gehe nicht näher darauf ein. Von Hatay nach Istanbul kam er mit dem Bus. Zu Beginn seines Aufenthaltes, erzählt er, waren die Menschen nicht sehr nett.

Auf die Frage, ob es in Istanbul schwer sei, Arbeit zu finden, antwortet Amir, es komme auf den Bereich an.

So seien Arbeitsplätze im Bausektor sehr leicht für syrische Flüchtlinge zu bekommen. Die türkischen Arbeitgeber stellten diese gerne ein, was nicht verwunderlich ist, da die syrischen Flüchtlinge oft für ein Drittel des Lohns eines türkischen Arbeiters arbeiten.

Das Leben in Istanbul beschreibt er als hart, er sagt: „Wir arbeiten von 8 bis 20 Uhr, das sind 12 Stunden am Tag. Aber wir haben keine andere Wahl." Amir beschreibt seine Lage in diesem einen Satz: „**Suriyede para yok, is yok, ekmek yok, doktor yok, savas cok, bomba cok.**" Sinngemäß auf Deutsch: „Es gibt in Syrien kein Geld, keine Arbeit, kein Brot und keine Ärzte, dafür gibt es viel Krieg und Bomben."

Auch die Familie von Amir sei in Syrien geblieben, aus diesem Grunde sei er in die Türkei gekommen. Seine Mutter und seine Geschwister bräuchten das Geld, das er verdiene. Genau wie Kerim schicke er sein verdientes Geld nach Syrien, um seine Familie zu unterstützen. Auf die Frage, was er an der Türkei möge, macht er ein Handzeichen, aus dem ersichtlich wird, dass es wenig gäbe. Kerim, Amir und ich lachen daraufhin leicht. Amir sagt, dass das Einzige, was ihm in der Türkei gefällt, ist, dass es keinen Krieg gibt. Genau wie Kerim möchte Amir nach dem Krieg in Syrien wieder zurückkehren. Denn seine Familie braucht seine Hilfe. Über seine Landsleute, die nach Europa flüchten, sagt er, dass sie keine Alternative sehen. Er sagt, dass Deutschland für viele Dinge aufkomme, der deutsche Staat gäbe den Flüchtlingen Geld, einen Wohnsitz und Versorgung.

Für die Zukunft hoffe er, dass der Krieg in Syrien bald zu Ende gehe und er wieder nach Syrien zu seiner Familie zurückkehren könne. Obwohl er seine Mutter mehrfach aufgefordert habe, in die Türkei zu kommen, sage sie, dass sie lieber in Idlib bleiben möchte. Die Lage in Idlib beschreibt er als nicht so schlimm wie in anderen Teilen von Syrien.

Es gäbe dort weder Assad noch „Isis". In Idlib seien Rebellen, die großen Rückhalt in der Bevölkerung genössen. Obwohl Amir gerne nach dem Krieg nach Syrien zurückkehren würde, habe er momentan keine andere Möglichkeit, als in Istanbul zu bleiben.

Er sei mit seiner Lage zufrieden, denn in Idlib gäbe es kaum Arbeit und ein Großteil der Bevölkerung sei sehr arm. Deswegen arbeite und unterstütze er seine Familie aus der Türkei, solange der Krieg in Syrien andauert.

4.5.3. Muhammed

Muhammed ist ein hochgewachsener, attraktiver 19-Jähriger aus der hart umkämpften Stadt Aleppo. In Syrien hat er die Schule beendet, er wollte studieren, doch hat der Krieg seine Pläne durchkreuzt. Muhammed hatte bei seiner Einreise keine großen Schwierigkeiten, da er im Gegensatz zu vielen anderen Flüchtlingen einen syrischen Reisepass besaß. Er flüchtete aus Aleppo über die türkische Grenze nach Kilis, eine türkische Stadt an der Grenze zu Syrien. Dort leben mittlerweile mehrere hunderttausende syrische Flüchtlinge. In einigen Teilen der Stadt übertrifft die Zahl der syrischen Flüchtlinge die Zahl der Heimatbevölkerung. In Kilis blieb er nicht sehr lange, er machte sich auf den Weg nach Istanbul. Wie viele andere Syrer benutzte er hierbei ein Auto. Die Frage, wie die Menschen zu ihm seien, beantwortet er so: „Zu Beginn unseres Aufenthaltes waren die Menschen sehr nett zu uns, aber dies änderte sich mit der Zeit. Momentan sind die Menschen zu uns sehr schlecht. Die Zeiten haben sich stark geändert."

Ich frage ihn, ob es in Istanbul schwer sei, Arbeit zu finden, und er antwortet, dies sei nicht schwer.

Er habe zwar etwas suchen müssen, aber nach kurzer Zeit habe er Arbeit in einem Café gefunden. Muhammed sagt, es gäbe genug Arbeit für Syrer in Istanbul. Mit der türkischen Bevölkerung verstehe er sich im Grunde ganz gut, nach seiner Aussage gibt es solche und solche. Mit einigen verstehe er sich sehr gut, mit anderen wiederum nicht so gut. Die Lebenssituation als Syrer in Istanbul beschreibt er als schwer. Obwohl er gerne studieren würde, müsse er für seinen Lebensunterhalt arbeiten. Da die Mieten in Istanbul hoch sind, müsse er seiner Familie unter die Arme greifen. Er sei zwar ganz zufrieden in der Türkei, würde aber viel lieber nach Norwegen gehen.

In Istanbul arbeite er nur um Geld zu verdienen, sonst nichts. In der Türkei zu studieren komme für ihn nicht in Frage, **„sadece is"**, sagt er - **„nur Arbeit".**

Nach dem Krieg möchte er nicht wieder zurück nach Syrien gehen. „Was sollen wir dort machen?", fragt er. „Wir haben dort nichts mehr, kein Haus, keine Arbeit, keine Perspektiven." Könnte er sich einen Staat aussuchen, würde er entweder nach Norwegen oder nach Deutschland reisen. Für die Zukunft hofft er, dass der Krieg in Syrien bald zu Ende geht und er in Norwegen ein Studium aufnehmen kann. Muhammed lebt mit seiner Mutter in Istanbul. Auch seine Mutter arbeitet. Muhammed möchte dies zwar nicht. „Aber wir haben keine andere Wahl", sagt er. Die Mieten seien hoch, und das Leben in Istanbul sei sehr schwer. Einen Hoffnungsschimmer hat Muhammed aber, nicht ohne Grund möchte er nach Norwegen. Sein Vater hat es nach Norwegen geschafft und würde nun gerne seine Familie nachholen.

4.5.4. Ahmed

Ahmed ist 22 Jahre alt und kommt genau wie Muhammed aus Aleppo. Er ist ein Freund von Muhammed. Ich lerne beide in der Moschee kennen. Muhammed erklärt sich direkt bereit, mit mir ein kurzes Interview durchzuführen. Ahmed steht daneben. Nach meinem Interview mit Muhammed frage ich Ahmed, ob auch er gerne eines machen würde. Er ist sehr verunsichert und lehnt zunächst ab, fragt mich warum ich das mache, und für welche Zwecke ich dies benutze. Erst nachdem ich Ahmed die Situation zum zweiten Mal erkläre, stimmt er einem kurzen Interview zu. In die Türkei kam er über Ägypten. Er flog mit dem Flugzeug nach Kairo und blieb dort für eine kurze Zeit. Er stieg in ein Flugzeug und kam nach Istanbul. Wie Muhammed besitzt auch Ahmed einen syrischen Reisepass, der ihm die Einreise in die Türkei erleichterte. Das Verhalten der Türken gegenüber ihm sei unterschiedlich. Einige seien sehr freundlich, andere wiederum seien nicht sehr nett. Ob es in Istanbul schwer sei Arbeit zu finden, verneint auch Ahmed. Es sei sehr leicht, eine Arbeit zu finden, doch die Arbeitgeber würden zwischen Türken und Ausländern einen Unterschied machen.

Die syrischen Flüchtlinge machten die gleiche Arbeit, wenn nicht sogar schneller und besser als die Türken, verdienten aber nur ein Drittel eines türkischen Arbeiters. Dies ist nach Ahmeds Aussage ungerecht und sollte nicht so sein. Nicht nur, dass die syrischen Flüchtlinge viel weniger als die Türken verdienen, macht Ahmed traurig. Sie hätten auch keinerlei Unterstützung vom türkischen Staat. Sie hätten keinen Versicherungsschutz oder ähnliches. Auf meine Frage, wie er dann ins Krankenhaus oder zum Arzt gehe, behauptet er: „**Sen suriyelisin, sen eseksin“,** was so viel heißt wie „bist du Syrer, bist du ein Esel“. Mit der türkischen Bevölkerung komme er ganz gut zurecht, sein Türkisch ist zwar nicht stark ausgeprägt, doch versteht er vieles und kann sich mit kurzen Satzfetzen artikulieren.

Er entschuldigt sich bei mir für sein schlechtes Türkisch, ich motiviere ihn weiterzureden. Das Leben in Istanbul beschreibt auch er als sehr schwer. Obwohl die Situation schwer sei, möchte er in der Türkei bleiben. Denn momentan arbeite er und verdiene Geld, was wichtig für ihn sei. Sein älterer Bruder sei nach Deutschland gekommen, einzig aus diesem Grund könne er sich vorstellen, nach Europa, nach Deutschland, zu kommen. Hätte er die Auswahl, in ein bestimmtes Land einzureisen, wäre es nach seiner Aussage die Bundesrepublik. Doch leider gäbe es momentan Probleme, wie aktuelle Nachrichten zeigen.

Ahmed lebt alleine in Istanbul, sein hart verdientes Geld schickt er in die Heimat, um seiner Familie unter die Arme zu greifen. Das sei aber nicht sehr leicht, denn er verdiene sowieso sehr wenig Geld. Und da die Mieten in Istanbul ziemlich hoch sind, bleibe relativ wenig hängen. Manchmal könne er seine Miete nicht bezahlen. Dies wird natürlich in der Zukunft Konflikte mit dem Vermieter mit sich bringen. Mit seinem Leben in Istanbul ist Ahmed **„biraz“** - „bisschen“ zufrieden.

5. Erhebungsmethode

Die Master-Thesis ist in zwei Teile aufgeteilt. Einerseits wurde zur Bearbeitung Literatur herangezogen, anderseits wurde versucht, mit Interviews einen tieferen und persönlicheren Einblick in die Thematik zu bekommen. Bei der Literaturrecherche wurden vor allem türkisch- und englischsprachige Texte benutzt. Auch deutschsprachige Literatur wurde herangezogen, so vor allem in den ersten Kapiteln. Literaturrecherche war für diese Arbeit unabdinglich. Vor allem die Arbeit von Nichtregierungsorganisationen und Vereinen war zur Bearbeitung der Fragestellung von zentraler Bedeutung.

Der zweite Teil der Master-Thesis bestand aus Interviews, die mit einem Vertreter einer NGO durchgeführt wurden, daneben wurden auch Interviews mit vier syrischen Flüchtlingen durchgeführt. Der Zugang zum Feld war hierbei nicht mit großen Schwierigkeiten verbunden. Bestehende Kontakte zu NGOs und Vereinen, die in der Flüchtlingsfrage viel Arbeit leisten, vereinfachten den Zugang enorm. Es wurden vier junge syrische Flüchtlinge gewählt, denn diese sind besonders von den Konsequenzen des Krieges betroffen. Einerseits leben sie in einem fremden Land, anderseits müssen sie mit ihrer Arbeitskraft ihre Familie unterstützen und Geld nach Hause bringen. Alle Interviewpartner sind fast im gleichen Alter, leben und arbeiten in Istanbul. Die Interviewpartner sind ohne Ausnahme männlich, der Zugang zu weiblichen Interviewpartnerinnen erwies sich als schwer. Denn viele sind schüchtern und sprechen kaum Englisch oder Türkisch.

Auch aus religiöser und kultureller Sensibilität heraus wurde auf Interviews mit Frauen verzichtet. Es wurde die Form von Interviews gewählt, da diese bei der Fragestellung die förderlichste Methode war.

Eine Befragung oder eine Beobachtung hätte nicht die gleichen Ergebnisse hervorgebracht.

6. Auswertungsmethode

Bei der Auswertung der Interviews wurde die qualitative Inhaltsanalyse von Philipp Mayring benutzt. Mit der Methode von Mayring interpretiert man und wertet Texte aus, die auf einer Fragestellung beruhen. Hierbei wird nicht versucht, das menschliche Handeln zu erklären, sondern dieses zu verstehen. Anwendungsgebiete der qualitativen Inhaltsanalyse nach Mayring sind vor allem Interviews. Bei der Auswertung ist eine Forschungsfrage unabdingbar. Bei der qualitativen Inhaltsanalyse wird schrittweise vorgegangen. Beim ersten Schritt wird der Text oder das Interview zusammengefasst. Danach fasst man den Text in Kategorien zusammen[62]. Am Ende wird versucht, die Ergebnisse in Richtung der Fragestellung zu interpretieren.

Die qualitative Inhaltsangabe wurde gewählt, da die Durchführung schnell und einfach ist. Auch ist die Kategorisierung bei einer höheren Anzahl an durchgeführten Interviews ein gutes Instrument, um die Fülle des Ausgangsmaterials handlicher zumachen. Ein weiteres Ziel der Analyse bestand darin, das Gesagte zusammenzufassen. Für diese Art der Bearbeitung ist die qualitative Inhaltsanalyse besonders geeignet.

Nach mehrmaligen Anhören der Interviews und deren Zusammenfassung wurden fünf Kategorien aus diesen herausgearbeitet. Diese sind das allgemeine Profil, die Beweggründe, Lebenssituation, Erfahrungen und Zukunftspläne. Nachfolgend wollen wir mit diesen fünf Kategorien versuchen, das Handeln der Interviewpartner zu verstehen.

Kategorie	Beschreibung
Profil	Alle vier Interviewpartner sind männliche und junge Erwachsene. Sie kommen aus Aleppo und Idlib, beides sind Städte, in denen die Rebellen die Oberhand haben. Jeder von ihnen geht einer Beschäftigung in Istanbul nach, mit diesem Geld unterstützen alle ihre Familien, die zum größten Teil in Syrien leben.

---

[62]Ramsenthaler, Christina; Schnell, Martin; Schulz, Christian; Kolbe, Harald; Dunger, Christine (2013): Was ist „Qualitative Inhaltsanalyse?" // Der Patient am Lebensende. Eine Qualitative Inhaltsanalyse. Wiesbaden: Springer (Palliative Care und Forschung), S. 23-40.

Kategorie	Beschreibung
Beweggründe	Für die Einreise in die Türkei nennen alle vier den Bürgerkrieg als Grund. Da es in Syrien kaum Arbeit, Lebensmittel und Sicherheit gibt, haben sie den Weg von Syrien in die Türkei gesucht, um einer Beschäftigung nachzugehen und ihre Familien zu unterstützen und nicht zuletzt um sich vor dem Terror des Regimes zu schützen. Von vielen sind die Familien noch in Syrien, was nicht heißt, dass sie egoistisch mit ihrer Flucht gehandelt haben. Sie sind in den Augen ihrer Verwandten eine kleine Hoffnung.
Lebenssituation	Da alle einer Beschäftigung nachgehen, haben sie im Gegensatz zu anderen syrischen Flüchtlingen eher Glück. Sie haben ein festes Einkommen, auch wenn dieses stark unter dem türkischen Durchschnittsgehalt liegt. Hilfe bekommen sie von Nichtregierungsorganisationen oder Nachbarn. Die türkische Bevölkerung ist in diesem Gebiet immer noch aufmerksam. Ein großes Problem stellen aber die hohen Mieten in Istanbul da. Auch unsere Interviewpartner haben oft Probleme, diese fristgerecht zu zahlen. Aber ihre Vermieter sind in diesem Bereich ziemlich kulant gegenüber den Mietern. Der Hauptteil ihres Tages liegt in der Arbeit. Zwei der vier Interviewpartner leben und arbeiten bei ihrem Arbeitgeber in einer Lagerhalle.
Erfahrungen	Alle vier Interviewpartner haben gemischte Erfahrungen in der Türkei gemacht, gute wie auch schlechte. Einige bemängeln den Umgang mit ihnen stark, andere sind mit ihrem Leben in der Türkei durchaus zufrieden. Doch liegt der Fokus mehr auf ihrer Beschäftigung in der Türkei. Wie auch in anderen Staaten gibt es auch in der Türkei eine Klientel, die Flüchtlinge als Konkurrenten

Kategorie	Beschreibung
	sieht. Diese Klientel ist meist mit großen Vorurteilen behaftet. Warum und welche Vorurteile diese Klientel gegenüber den syrischen Flüchtlingen hat, könnte in einer weiteren Studie erforscht werden.
Zukunftspläne	Alle vier Interviewpartner möchten ein schnelles Ende des Bürgerkrieges in Syrien und eine baldige Übergangsregierung, damit verbunden den Abgang Assads. Nach einem Ende der bewaffneten Auseinandersetzungen würden drei von ihnen gerne in ihre Heimat Syrien zurückkehren. Sie sehen ihren Aufenthalt in der Türkei als vorübergehend an. Die Türkei ist für sie interessant, da es hier Sicherheit, Lebensmittel, Wohnraum und vor allem Beschäftigung gibt. Die Beschäftigung spielt für alle vier die wichtigste Rolle für ihren Aufenthalt in der Türkei.

Die Interviewpartner sind in einer schweren Position. Sie sind die Hoffnungsschimmer ihrer Familien, die in Syrien geblieben sind. Aus ihrem Handeln heraus sieht man, dass viele Flüchtlinge große Opfer bringen mussten. Sie ließen ihre Familien im Bürgerkrieg zurück, um sie finanziell zu unterstützen. Würden alle Familienmitglieder in der Türkei wohnen, wäre ihre Situation wahrscheinlich noch schlechter. Denn mehr Menschen bedeutet gleichzeitig mehr Kosten, größeren Wohnraum, mehr Lebensmittel. Und in der Türkei ist vieles teurer als in Syrien. Das ist einer der Gründe, weshalb viele Familien nicht mit in die Türkei geflüchtet sind. Auch würden einige lieber in ihrer Heimat sterben, als in einem fremden Land. Es ist auch verständlich, dass der Großteil nach dem Bürgerkrieg zurückkehren möchte.

7. Fazit

Die türkische Regierung wie auch die breite Gesellschaft einschließlich Nichtregierungsorganisationen vollbringen in der Flüchtlingsfrage Erstaunliches. Fast alle Parteien versuchen mit allen Mitteln, den syrischen Flüchtlingen in der Türkei zu helfen und ihnen ein lebenswertes Leben zu beschweren. Neben dieser außerordentlichen Hilfe gibt es auch Gruppen, die die Flüchtlinge als Bedrohung oder Konkurrenz sehen. Doch ist dieser Teil der Gesellschaft im Gegensatz zur hilfsbereiten Masse verschwindend klein. Es gibt seitens der NGOs und der Regierung große Anstrengungen. Viele Flüchtlinge finden Schutz in Camps. Doch der Bürgerkrieg in Syrien scheint in absehbarer Zeit kein Ende nehmen zu wollen. In der Türkei leben schon jetzt mehr als drei Millionen syrische Flüchtlinge. Sollte die bewaffnete Auseinandersetzung in Syrien weitergehen, könnte diese Zahl noch weiter steigen. Obwohl die Türkei im internationalen Vergleich Großes leistet, kann sie das Flüchtlingsproblem nicht alleine lösen. Hierzu braucht es große internationale Anstrengungen im humanitären und politischen Bereich. So könnte sich die Europäische Union mit ihren 28 Mitgliedstaaten auf eine Verteilung von Flüchtlingen einigen. Diese Maßnahme würde die Türkei gewaltig entlasten. Im Großen und Ganzen wird seitens der Europäischen Union zu wenig für die Lösung der Flüchtlingsfrage unternommen.

Des Weiteren könnte man in Nordsyrien eine Flugverbotszone in Verbindung mit einer Sicherheitszone einrichten. Hier könnten die Vereinten Nationen weitere Camps für die Flüchtlinge aufbauen, und durch die Flugverbotszone wären die Flüchtlinge vor Bomben und Angriffen geschützt.

Je länger der Bürgerkrieg in Syrien dauert, desto mehr Flüchtlinge werden den Weg in die Türkei und nach Europa finden.

Trotz großer Anstrengungen seitens der Regierung, der Gesellschaft und der NGOs haben viele syrische Flüchtlinge in Istanbul von hohen Mietkosten bis hin zur Arbeitslosigkeit große Sorgen. Die Regierung könnte ihre Hilfen auf diesem Gebiet, nicht zuletzt aus eigenem Interesse, noch weiter steigern. Die Ausnutzung des gesamten akademischen Potenzials der syrischen Flüchtlinge wäre hierbei ein guter Anfang. Ingenieure, Ärzte und Wissenschaftler müssen auf ihren jeweiligen Gebieten gefördert und eingesetzt werden.

Des Weiteren sollte die Regierung bei der Verteilung der Flüchtlinge darauf achten, dass nicht einige Bezirke überproportional belastet werden. Auch fehlt es an einem nationalen Programm, in dem alle Flüchtlinge registriert sind. Aus diesem Grund kommt es immer wieder dazu, dass Familien auseinander gerissen werden. Ein weiteres Defizit ist die fehlende Vernetzung staatlicher mit nicht-staatlichen Organisationen. Eine stärkere Vernetzung könnte auf nationaler und regionaler Ebene erhebliche Entlastungen schaffen. Die türkische Regierung sollte vor allem bei der Beschäftigung Bürokratieabbau vorantreiben. Syrischen Flüchtlingen sollte der Zugang zum Arbeitsmarkt vereinfacht werden. Da viele Flüchtlinge kein legales Arbeitsverhältnis haben, werden sie oft von Arbeitge-bern ausgenutzt. Viele der Flüchtlinge arbeiten schwarz auf dem Bausektor. Sprachkurse sollten flächendeckend angeboten werden. Durch mangelnde Sprachkurse sind sich viele Flüchtlinge ihrer Rechte in der Türkei nicht im Kla-ren. Durch Sprachkenntnisse ist der Alltag deutlich einfacher zu bewerkstelligen als ohne.

8. Literaturverzeichnis

Abdullah, Bassam (2014): Genf 2-Der Weg zum Frieden? Online verfügbar unter http://www.huffingtonpost.de/bassam-abdullah/genf-2-der-weg-zum-friede_b_4758231.html, zuletzt geprüft am 20.06.2016.

ACAR, Ceyda; MÜCAZ, Meltem; SANDIKLI, Büşra, TORUN, Perihan; ÜLGER, Zekiye: İSTANBUL'DA YAŞAYAN GEÇİCİ KORUMA ALTINDAKİ SURİYELİLER. Hg. v. Bezmialem Vakıf Üniversitesi Tıp Fakültesi. Online verfügbar unter http://halksagligi.bezmialem.edu.tr/dosyalar/siginmaci-raporu.pdf, zuletzt geprüft am 20.06.2016.

Asseburg, Muriel (2013): Syrien. Ziviler Protest, Aufstand, Bürgerkrieg und Zukunftsaussichten. Online verfügbar unter https://www.bpb.de/apuz/155105/syrien?blickinsbuch, zuletzt geprüft am 20.06.2016.

Ataman, Senar (2011): Türkiye'nin İltica Politikası. Online verfügbar unter http://www.multeci.net/index.php?option=com_content&view=article&id=60:turkiyenin-iltica-politikasi&catid=36:turkiyenin-iltica-sistemi&Itemid=16&lang=tr, zuletzt geprüft am 20.06.2016.

Bickel, Markus (2013): Die „Achse des Widerstands". Online verfügbar unter http://www.faz.net/aktuell/politik/syriens-unterstuetzer-die-achse-des-widerstands-steht-12548788.html, zuletzt geprüft am 20.06.2016.

CSS ETH Zürich (2012): Der Syrische Bürgerkrieg: Zwischen Eskalation und Intervention. Online verfügbar unter http://www.css.ethz.ch/publications/pdfs/CSS-Analysen-124-DE.pdf, zuletzt geprüft am 20.06.2016.

Deutsch Türkische Nachrichten (2014): Syrien vor dem Zerfall: Kurden gründen Autonomie-Regierung. Online verfügbar unter http://www.deutsch-tuerkische-nachrichten.de/2014/01/497462/syrien-vor-dem-zerfall- kurden-gruenden-autonomie-regierung/,, zuletzt geprüft am 20.06.2016.

Faller, Heike (2016): Ohne Ihn. Online verfügbar unter http://www.zeit.de/zeit-magazin/2016/03/alan-kurdi-fluechtlingsjunge-strand-familie, zuletzt geprüft am 20.06.2016.

Focus Online (2016): Erhebliche Differenzen bei Syrien-Gesprächen. Online verfügbar unter http://www.focus.de/politik/ausland/konflikte-syrien-gespraeche-starten-in-genf_id_5355608.html, zuletzt geprüft am 20.06.2016.

Frankfurter Allgemeine (2013): „Patriot"-Raketen eingetroffen. Online verfügbar unter http://www.faz.net/aktuell/politik/tuerkei-patriot-raketen-eingetroffen-12032867.html, zuletzt geprüft am 20.06.2016.

Helberg, Kristin; Christian, P.Hanelt (2013): Syrien-Vom Aufstand zum Krieg. Online verfügbar unter http://www.bertelsmann-stiftung.de/cps/rde/xbcr/SID-4D2BE3A2-9B77BCA6/bst/BS_Spotlight1302_DE_web.pdf, zuletzt geprüft am 20.06.2016.

hurriyet (2015): Hangi ilimizde kaç Suriyeli var? Online verfügbar unter http://www.hurriyet.com.tr/hangi-ilimizde-kac-suriyeli-var-29368299, zuletzt geprüft am 20.06.2016.

International Rescue Committee (2014): Dinliyor Muyuz? Online verfügbar unter http://www.rescue.org/sites/default/files/resource-file/IRC_AreWeListening_Turkish.pdf, zuletzt geprüft am 20.06.2016.

Jaeger, Kinan; Tophoven Rolf (2013): Syrien. Internationale Akteure, Interessen, Konfliktlinien. Online verfügbar unter https://www.bpb.de/apuz/155105/syrien?blickinsbuch, zuletzt geprüft am 20.06.2016.

Kanat, Kilic Bugra; Ustun Kadir (2015): Turkey`s Syrian Refugees. Toward Integration. Online verfügbar unter http://file.setav.org/Files/Pdf/20150428153844_turkey%E2%80%99s-syrian-refugees-pdf.pdf, zuletzt geprüft am 20.06.2016.

Kap, Derya: Suriyeli Mülteciler: Türkiye'nin Müstakbel Vatandaşları. Online verfügbar unter http://www.ikv.org.tr/images/files/Akademik-Perspektif-Aralik-2014_30-35%281%29.pdf, zuletzt geprüft am 20.06.2016.

Kapp, Jean-Pierre (2014): Syrien-Konferenz in Genf vertagt. Online verfügbar unter http://www.nzz.ch/aktuell/international/auslandnachrichten/syrien-konferenz-in-genf-vertagt-1.18233623, zuletzt geprüft am 20.06.2016.

Karsigazete (2014): Suriyelilere 1.133 Tl maaş. Online verfügbar unter http://www.karsigazete.com.tr/ekonomi/suriyelilere-1133-tl-maas-h15728.html, zuletzt geprüft am 20.06.2016.

Mattes, Hanspeter (2013): Naher Osten Nachbarregion im Wandel. Die arabischen Protestbewegungen von 2011. Politische Folgen des "Arabischen Frühlings". Online verfügbar unter http://www.bpb.de/izpb/156579/naher-osten?blickinsbuch, zuletzt geprüft am 20.06.2016.

ntv (2014): Assad verschleppt Giftgas-Vernichtung. Online verfügbar unter http://www.n-tv.de/politik/Assad-verschleppt-Giftgas-Vernichtung-article12385231.html, zuletzt geprüft am 20.06.2016.

Perthes, Volker (2013): Modell vorm Zerfall. Online verfügbar unter Zerfall-http://www.swp-
ber-
lin.org/fileadmin/contents/products/fachpublikationen/IP_06_2013_Perthes
_01.pdf, zuletzt geprüft am 20.06.2016.

Pro Asyl (2016): Januar 2016: Täglich acht tote Flüchtlinge in der Ägäis. Online verfügbar unter
http://www.proasyl.de/de/news/detail/news/januar_2016_taeglich_acht_tot
e_fluechtlinge_in_der_aegaeis/, zuletzt geprüft am 20.06.2016.

Ramsenthaler, Christina; Schnell, Martin; Schulz, Christian; Kolbe, Harald; Dunger, Christine (2013): Was ist „Qualitative Inhaltsanalyse?" // Der Patient am Lebensende. Eine Qualitative Inhaltsanalyse. Wiesbaden: Springer (Palliative Care und Forschung), zuletzt geprüft am 20.06.2016.

Ranko, Annette (2013): Naher Osten Nachbarregion im Wandel. Die Medienrevolution: von al-Jazeera bis Facebook. Online verfügbar unter http://www.bpb.de/izpb/156579/naher-osten?blickinsbuch, zuletzt geprüft am 20.06.2016.

Salloum, Raniah (2014): Al-Qaida in Syrien und Irak: Neuer Gottesstaat im Nahen Osten. Online verfügbar unter http://www.spiegel.de/politik/ausland/isis-in-irak-und-syrien-bauen-die-extremisten-am-gottesstaat-a- 941782.html, zuletzt geprüft am 20.06.2016.

SIĞINMACILAR VE GÖÇMENLERLE DAYANIŞMA DERNEĞİ: Türkiye'de Mülteci Olmak. Online verfügbar unter http://www.refugeeinturkey.org/Turkiyede-Multeci-Olmak-i5, zuletzt geprüft am 20.06.2016.

Spiegel Online (2012): Syrien-Konferenz in Genf: Assad bleibt an Übergangsregierung beteiligt. Online verfügbar unter http://www.spiegel.de/politik/ausland/syrien-konferenz-in-genf-assad-bleibt-an-uebergangsregierung-beteiligt-a-841912.html, zuletzt geprüft am 20.06.2016.

Spiegel Online (2015): Konferenz in Wien: Syrer sollen ihre Zukunft frei wählen. Online verfügbar unter http://www.spiegel.de/politik/ausland/syrien-konferenz-in-wien-appell-fuer-wahlen-und-waffenstillstand-a-1060476.html, zuletzt geprüft am 20.06.2016.

Spiegel Online (2016): Einigung in München: Syrien-Konferenz will Feuerpause binnen einer Woche erzielen. Online verfügbar unter http://www.spiegel.de/politik/ausland/syrien-konferenz-in-muenchen-einigt-sich-auf-eindaemmung-der-gewalt-a-1076992.html, zuletzt geprüft am 20.06.2016.

Steinberg, Guido (2014): Die neuen Löwen Syriens. Salafistische und jihadistische Gruppen dominieren die syrische Aufstandsbewegung. Online verfügbar unter http://www.swp- berlin.org/fileadmin/contents/products/aktuell/2014A18_sbg.pdf, zuletzt geprüft am 20.06.2016.

Süddeutsche (2013): Wie sich Assad an der Macht hält. Online verfügbar unter http://www.sueddeutsche.de/politik/2.220/chronologie-der-ereignisse-in-syrien-vom-politischen-fruehling-in-den-krieg-1.1758046, zuletzt geprüft am 20.06.2016.

tagesschau: Was EU und Türkei beschlossen haben. Online verfügbar unter http://www.tagesschau.de/ausland/eu-tuerkei-abkommen-101~_origin-368c62a1-779f-484e-b9af-868dd6cdc090.html, zuletzt geprüft am 20.06.2016.

UNHCR (2015): 2015 UNHCR country operations profile - Syrian Arab Republic. Online verfügbar unter http://www.unhcr.org/pages/49e486a76.html, zuletzt geprüft am 20.06.2016.

UNHCR (2016): Syria Regional Refugee Response. Online verfügbar unter http://data.unhcr.org/syrianrefugees/regional.php, zuletzt geprüft am 20.06.2016.

Welt Online (2016): Kein einziger Flüchtling in Kroatien und Slowenien. Online verfügbar unter http://www.welt.de/politik/ausland/article152844686/Kein-einziger-Fluechtling-in-Kroatien-und-Slowenien.html, zuletzt geprüft am 20.06.2016.

Wieland, Carsten (2013): Syrien. Das politisch-ideologische System Syriens und dessen Zerfall. Online verfügbar unter https://www.bpb.de/apuz/155105/syrien?blickinsbuch, zuletzt geprüft am 20.06.2016.

Yilmaz, Halim (2013): TÜRKİYE'DE SURİYELİ MÜLTECİLER. Hg. v. Mazlumder. Online verfügbar unter http://istanbul.mazlumder.org/webimage/suriyeli_multeciler_raporu_2013.pdf, zuletzt geprüft am 20.06.2016.

Zein, Huda (2013): Syrien. Identitäten und Interessen der syrischen Oppositionellen. Online verfügbar unter https://www.bpb.de/apuz/155105/syrien?blickinsbuch, zuletzt geprüft am 20.06.2016.

Zeit Online (2016): Doppelt so viele Tote wie bisher angenommen. Online verfügbar unter http://www.zeit.de/gesellschaft/zeitgeschehen/2016-02/syrien-krieg-bilanz-bericht-tote-bevoelkerung-verletzte, zuletzt geprüft am 20.06.2016.